선물합니다! 실패할 권리

선물합니다! 실패할 권리

초판 1쇄 발행 2021년 12월 31일

지은이 김영아
펴낸이 장길수
펴낸곳 지식과감성#
출판등록 제2012-000081호

교정 정은지
디자인 이은지
편집 김한솔
검수 백승은, 이은지
마케팅 고은빛, 정연우

주소 서울시 금천구 벚꽃로298 대륭포스트타워6차 1212호
전화 070-4651-3730~4
팩스 070-4325-7006
이메일 ksbookup@naver.com
홈페이지 www.knsbookup.com

ISBN 979-11-392-0270-0(03810)
값 13,900원

- 이 책의 판권은 지은이에게 있습니다.
- 이 책 내용의 전부 또는 일부를 재사용하려면 반드시 지은이의 서면 동의를 받아야 합니다.
- 잘못된 책은 구입하신 곳에서 바꾸어 드립니다.

지식과감성#
홈페이지 바로가기

선물합니다! 실패할 권리

김영아 에세이

이 책은 발달장애인에 대한 이야기가 아니다.
발달장애인과 함께한 조력자의 이야기요,
그들과 나의 치열한 동반 성장기다.

프롤로그

"장애인을 위해 일할 거면 이 일 하지 마."

약자를 돌보는 일이 좋아 사회복지사의 길을 걷고 싶다 말하는 사람에게 내가 해 주는 말이다. 올해로 20년. 직업재활사이자 장애인 재활상담사로 장애인 복지 현장에 나를 담근 시간이다. 이기적인 사람이라 남 위할 줄 모르고 돈도 꽤나 좋아하는 내가 '착한 일 하시네요' 소리 들은 지 20년째다. 장애인 자립 조력자로 산 게 인생의 절반이건만 '장애인을 위해' 일하지 않는다. 나도 사람이라 돌봄 받고픈 마음이 굴뚝이기에 누군가 돌볼 자격도 없다고 스스로 평가한다. 장애인과 '함께'하는 이 길이 좋아 밥벌이로 선택했고 하다 보니 20년이 훌쩍 가 버렸다.

차별받고 소외받는 사람과 동행하는 길은 가시밭길에 가깝다. 내가 가시밭길 대신 걸을 테니 너는 꽃길만 걸어, 라는 말은 배려가 아니다. 가시밭길 걸은 나는 지치고, 꽃길 걸은 그들은 감사를 모른다.

함께 꽃길도 걷고 가시밭길도 걸으며 사계절을 보내야 우리만의 서사가 잉태된다. 끈기 없는 내가 이 일을 오래 할 수 있었던 건 '함께'의 힘을 알았기 때문이다.

이 책은 발달장애인에 대한 이야기가 아니다. 발달장애인과 함께한 조력자의 이야기요, 그들과 나의 치열한 동반 성장기다. 나 또한 사회초년생 시절 장애인을 위해 일하는 사람이 되리라 생각했다. 이 지루하고 고단한 마라톤을 누굴 위해 뛸 수 없음을 알기에 지금은 키를 돌렸다. 손잡고 같이 뛰고 넘어져도 같이 넘어지자 말한다. 20년이 지나 그들과 닮은 내 모습이 보이고 더디지만 성장한 나를 느낀다. 그들과 나의 이야기를 씨실과 날실로 엮어 내니 엉성한 무릎담요 하나는 만든 듯하다.

《쓰기의 말들》 저자 은유 작가는 '글을 쓴다는 건 고통에 품위를 부여해 주는 일'이라 했다. 한 권의 책으로 묶고 나니 이제야 그 말을 실감한다. 고통과 의문투성이던 내 일을 글로 풀어내니 20년이 빛나는 글감으로 재탄생했다. 남들이 좋은 일 한다 말할 때, '저 좋은 일 아니라 옳은 일 하는 사람인데요' 읊조렸던 소심한 날들. 구인업체에 사정해 가며 현장훈련만 경험하게 해 달라고 자본주의 미소 날렸던 시간. 취업한 지 한 달 만에 그만둔 발달장애인 때문에 뚜껑 열린 순간들. 직업인으로서 나의 희로애락과 봄, 여름, 가을, 겨울을 이곳에 펼쳐 놓았다.

  아이러니하게도 이 책의 시작은 더 이상 이 일 못 해 먹겠다며 울고불고했던 그 즈음이었다. 이성은 못 해 먹겠다지만 감정은 하고 싶다, 인 따로국밥 자아가 나를 이 길로 이끌었다. 생존본능으로 잡은 지푸라기를 하나하나 모으다 보니 한 권의 책이 되었다. 작사가는 사랑하는 연인과 헤어지는 중에도 가사를 떠올린다는데 나 또한 직업의 위기 순간에 새로운 직업을 찾아 이렇게 조우했다.

  아무래도 난 타고난 직업재활사가 맞나 보다.

여전히 발달장애인과 함께 있는 *김영아*

※이 글의 등장인물은 가명임을 알려 드립니다.

차례

프롤로그   4

혼자는 싫지만 자립은 할래

1 혼자 못 사는 재주   12
2 내 나이는 두 개   17
3 인생 오모작   20
4 내 꿈은 라면 먹고 TV 보는 휴일   23
5 신비로운 노동요의 힘   27
6 반짝이는 캔 음료의 비밀   30
7 개털 알레르기가 사라지던 날   33
8 지식은 없어도 지혜는 있다   38
9 지역사회 런웨이   42
10 저는 사이다 먹을래요   45
11 박카스와 초코파이   50
12 옆자리를 내어 주세요   52
13 레디~ 액션 1   57
14 레디~ 액션 2   63
15 동물원이 세상에서 제일 싫어요   68

20년짜리 메이킹 필름

1 내 아이디는 Rehabgirl   74
2 다담나래   78
3 경영학과 그녀   82
4 부모가 돼서야 알았습니다   86
5 실종된 가족복지를 찾습니다   91
6 남편의 파스타   96
7 중 2와의 공생법   100
8 우리 시어머니는 자립 전문가   105

실패할 권리를 선물받은 삶

1 내가 나를 모르는데   110
2 도움 거절권   113
3 장애가 생기면 친구가 되나요?   117
4 실패할 권리   121
5 관계의 최고 형태   125
6 4월 20일   129

좋은 일이 아니라 옳은 일

1 니모를 찾아서 134
2 사람들은 나만 보면 좋은 일 한대 137
3 어쩌다, 불효자 143
4 천사 같은 소리 146
5 참을 수 없는 펜의 가벼움 149
6 엑스트라 5번 배우 154
7 벼랑 끝의 삶 158
8 내 직업 없애기 162

혼자는 싫지만
자립은 할래

1

혼자 못 사는 재주

    우치다 다츠루 교수가 쓴 《혼자 못 사는 것도 재주》에 이런 말이 나온다. 인간은 공생해야 하는 존재이므로 사회적 약자에 대해서만큼은 자본주의 논리에서 벗어나 순수한 마음으로 함께 살아야 한다. 어릴 적부터 '이제 혼자 해 버릇 해야지!'라는 말을 수시로 듣다 보니 우리는 스스로 잘 하고, 혼자 잘 사는 사람이 훌륭한 사람이란 인식이 뇌리에 박혔다.

    우츠다 교수는 역설적으로 잘 사는 사람은 '혼자서는 못 사는 재주를 갖고 있어 타인과 부딪히면서도 함께 살 방법을 찾는 사람'이라 말한다. 발달장애인 자립훈련을 하다 보면 '혼자 사는 법', '도움 요청하는 방법'을 위주로 진행하곤 한다. 위기상황에 대비하란 뜻이기는 했지만 난 그들의 자립과 나의 자립은 별개로 생각했다. 나의 자립은 '함께 사는 방법'에서 찾고, 발달장애인의 자립은 '혼자서도 잘 사는 방법'으로 접근하는 이분법적 사고에 매여 있었다.

    7년 전 발달장애인과 대학생들이 함께하는 자립훈련 과정이 있었다. 여느 때와 마찬가지로 발달장애인 자립 준비 교육 10회기 내용을 구성하고 비장애인 대학생은 보조 인력으로 참여하는 구조로 계획했다. 수업을 2회기 정도 하다 보니 장애를 떠나 우리는 모두 자립 준비가 미숙하다는 생각이 들었다. 결혼 10년이 넘은 나도 가족이 없어진다면 누군가의 도움이 필요한 존재라는 생각이 들었다. 나는 과감하게 3회기부터 수업 방식을 바꿔 보기로 했다.

"여러분~ 오늘부터는 방식을 바꿔 보기로 해요. 우리 모두 1년 후 혼자만의 집에 산다고 생각해 봐요. 내가 잘하는 것과 연습이 필요한 것을 하나씩 발표해 보기로 해요."

30대 후반의 발달장애인 지영 씨가 손을 번쩍 든다.

"선생님! 저는 빨래 개기 진짜 잘해요. 수건이랑 양말 같은 것도 반듯하게 갤 수 있어요."

대학 3학년 남학생 진호 씨가 손을 번쩍 든다.

"지영 씨~ 저 빨래 개는 거 진짜 못하는데. 지영 씨가 저한테 가르쳐 주시면 어때요? 딱인데요?"

얼마 전까지 근무하던 보호작업장을 나와 이직을 준비 중인 발달장애인 명희 씨도 조심스레 손을 든다.

"저는 떡볶이 잘 만들어요. 저희 집에 한번 놀러 와요. 조랭이 떡으로 떡볶이 만들어 줄게요."

그때 내가 반갑게 손을 들고 말했다.

"오~ 명희 씨 진짜 떡볶이 잘해요? 저 떡볶이 완전 좋아하는데! 저 진짜 한번 초대해 줘요. 우리 집들이 할까요?"

두루마리 휴지처럼 이야기가 주르륵 잘도 풀린다. 하나둘 나누다 보니 각자 잘하는 것과 도움이 필요한 것이 맞는 짝이 자연스레 나왔다. 신기할 정도로 찰떡궁합이었다. 서로의 필요를 맞추는 데 장애 여부는 전혀 중요치 않았다.

"우리 다음 시간부터는 제가 수업 진행하는 거 말고, 우리가 서로의 자립을 준비하는 걸 찾고 도와주기 연습 하는 건 어때요?"

'발달장애인의 자립훈련' 프로그램은 '우리의 자립훈련'으로 핸들을 크게 꺾었다. 나는 프로그램 진행자가 아닌 내 자립을 준비하는 회원 자격으로 이름표를 바꿔 달았다. 동등한 지위를 위해 이름 대신 별명을 정해 명찰을 달고, 역할도 동등하게 하나씩 맡았다. 우리는 동등한 발언을 위해 시각 효과가 있는 모래시계를 쓰기로 했다. 한 사람이 모래시계 3번 뒤집는 시간만큼만 말하기로 약속했다. 우리는 그렇게 동등한 관계로 나의 자립을 준비하고, 너의 자립을 준비하는 관계로 리셋했다. 3회 모임에는 약속했던 집들이도 개최했다. 명희 씨는 정말 조랭이 떡볶이를 맛있게 준비해 주었고, 딸기와 오렌지로 한 상 가득 손님상을 차려 주었다. 초대받은 진호 씨는 공예품 시장에서 사 온 작은 도자기를 집들이 선물로 전달했다.

"저 살면서 친구들 집에 초대한 거 처음이에요."

발달장애인들에게 집들이란 경험은 낯설 수밖에 없다. 독립생활을 경험한 이도 적거니와 손님을 초대할 일은 더더욱 없다.

"명희 씨의 첫 집들이 손님이 우리라니 진짜 영광이에요~"

주인은 주인대로, 손님은 손님대로 의미가 남달랐다. 명희 씨의 방은 단정히 손질된 인형, 차곡차곡 정돈된 서랍장, 벽에 붙은 손수 그린 작품들로 가득했다. 복지관에서는 '이용자'로 보였던 명희 씨를 집에서 보니 '그냥 사람'으로 보였다. 신기하고 놀라웠고 한편으로는 나 자신이 한심했다. 그동안 내가 이들을 '사람'이 아닌 철저히 '이용자'로만 바라보았음을 인식했기 때문이다.
'전문가 집단이 위험집단'이라는 말이 있다. 그때의 내게 딱 맞는 표현이었다. 전문가란 타이틀에 현상의 부정적인 측면 위주로 바라보며 본인이 아는 게 절대 진리라 착각한다. 나 또한 발달장애인 자립 준비 전문가라 생각했기에 그들을 '대상화'하는 데 익숙해져 있었다. 지금이라도 알았으니 다행이라 여겨야 하나, 그들에게 미안한 마음이 컸다.

그날 이후 나의 발달장애인 자립교육 방향은 크게 바뀌었다. 애초에 '교육', '훈련'이라는 타이틀은 거부! '찾아보기', '함께하기'와 같은 쉽고 공동체적 의미를 담은 용어로 전환했다. 혼자 살 생각 말고 '혼자 살지 못하는 재주꾼'이 되라고, 도움 요청할 생각만 하지 말고 다른 사람을 도와줄 수 있는 나의 재주를 발견하라고. 그 재주는 큰 것보다 작은 것이 더 좋다는 말도 꼭 해 준다.

"저는 우리 동네 칼국수 맛집 잘 알아요."
"저는 냉장고에 있는 재료들 유통기한 확인을 잘해요."
"저는 가스밸브 잠그는 거 잘해요."
"저는 설거지 진짜 잘해요."
"저는 알람 없이도 잘 일어나요."

하나둘 서로의 재주를 찾다 보니 재주꾼 아닌 존재가 없다.
비장애인인 나는 40년 넘게 살면서 식물을 온전히 키워 본 적이 없다. 선인장, 다육이, 산세비에리아처럼 무관심으로 키운다는 식물도 죄다 죽인 식물 살인마다. 나를 도와줄 수 있는 우리 동네 '혼자 못 사는 재주꾼' 어디 없나요?

②

내 나이는 두 개

딸이 6학년이 되던 해 스무 살이 되면 무얼 하고 싶은지 물은 적이 있다.

"엄마, 난 스무 살 되면 친구들이랑 술 먹을 거야."

아이고야…. 13살짜리가 벌써부터 술 얘기나 하고 잘한다~ 했지만 되돌아보면 나 또한 그랬다. 칠순 되면 잔치를 벌이듯 스무 살 생일만 지나면 당당히 주민등록증을 내놓고 술집에 들어가리라 다짐한 기억이 난다. '엽기적인 그녀'에 나오는 전지현처럼 신분증 딱! 내밀고 당당히 출입!

'넌 아직 어려서 안 돼.'
'더 크면 해.'
'어른 되면 할 수 있으니 조금만 참아.'

하지 말란 소리는 왜 더 간절하게 만드는지. 어른이 되면 귀에서 멀어지는 이 말들이 발달장애인들에게는 예외다. 넌 아직 어려서 안 돼, 라는 적용 시점이 비장애인들에 비해 늦은 경우가 많다. 생활연령상, 법적으로는 분명 성인이건만 '아직 어리다'고 한다. 발달장애인들의 인지학습 수준을 설명할 때 이해하기 쉽도록 '저희 아이는 10세 수준이에요'라고 말하기도 한다. 만약 이 발달장애인이 스무 살, 서른 살, 마흔 살이 되면 표현하는 연령대도 그만큼 높아질까? 수염이 거뭇거뭇, 흰머리 희끗한 나이가 되어도 '이분은 10세 수준이에요'라는 표현은 달라지지 않는다. 아이에서 분으로 호칭만 승진했을 뿐 나이는 여전히 제자리걸음이다. 그렇게 발달장애인들은 몸은 성인, 생활은 아동인 두 개의 캐릭터로 사는 경우가 여전히 많다.

생활연령과 학습연령의 간극이 가져오는 문제 중 대표적인 것이 성 문제이다. 스무 살 정도 되면 완전한 성인의 몸이기에 몽정, 자위가 자연스러운 절차이자 축복받을 일이건만 "우리 애는 어려서 아직 그런 거 몰라요"라며 거부하거나, 피임교육이라도 할라치면 "어린애한테 그런 거 가르쳐 주면 되레 배워서 안 돼요"라 말하는 양육자가 여전히 많다. 몸만 컸지 하는 짓은 어린아이라는 것이다. 부모 눈엔 자식이 50 넘어도 물가에 내놓은 아이처럼 걱정된다니 그 마음 모르는 바 아니나 현실은 현실이다.

"취업하면 제일 먼저 뭐 하고 싶어요?"라고 물으면 저마다 숨겨 온 꿈을 말한다.

'차 살래요.'

'머리 심을 거예요.'

'아이패드 살 거예요.'

또래들과 별반 다르지 않다. 그리고 가끔 나오는 답변, "저 선생님이랑 술 마시고 싶어요. 술 사 주세요."

일을 잘하든 못하든 취업 뒤에는 천천히 제 나이를 찾아가는 그들을 본다. 직장 동료들을 통해 배우는 모습, 상사에게 혼나 가며 배운 눈치가 그들을 성장시킨다. 세렝게티 초원에 사는 초식동물들이 빠르게 움직이며 대응하듯 정글 같은 직장생활은 성장 촉진제 노릇을 한다. 금요일에는 술을 고파 하고 노래방에서 고래고래 소리 지르며 스트레스를 풀려 하는 그들의 모습은 내 모습과 닮았다. 취업 이후에 우리는 가르치고 배우는 관계가 아닌 동등한 직장인 관계가 된다. 함께 짠! 하고 술잔을 부딪히기도 한다. 두 개였던 그들의 나이가 천천히 하나가 되어 가며 그들에겐 생활연령만 오롯이 남아 있을 뿐이다.

③

인생 오모작

　평생직장의 개념이 없는 시대지만 사람은 누구나 안정적 삶을 꿈꾼다. 나 또한 이직을 반복하고 늘 새로운 꿈을 꾸며 살지만 안정적 삶에 대한 갈망이 기저에 있다. 장애인들이 취업할 곳을 선택할 때 가장 중요한 요소는 '이 직장에서 얼마나 오래 일할 수 있나'이다. 늘 불안정한 삶에 시달린 탓에 안정에 대한 갈증이 더 크다. 직업적응훈련이라는 명목하에 2~3년간 훈련을 받고 취업하는 코스가 보편적인 발달장애인의 취업 과정이다.

　훈련하느라 긴 시간 투자했음에도 정규직으로 취업하는 비중은 가뭄에 콩 나는 수준이다. 꼭 장애인이 아니어도 비정규직 채용 후 정규직 전환이 보편적인 우리나라 노동시장이지만 그중에도 취약계층인 장애인에게는 유독 가혹하다. 비장애인이 3개월 수습 후 1년 단위 계약직 근로계약 체결이 보편적이라면, 발달장애인은 2주~1개월 현장훈련(근로계약을 체결하기 전 근무할 사업체에서 훈련하며 적응, 평가 과정을 거친 후 계약하는 방식. 현재 한국장애인고용공단을 통해 지원받을 수 있다)을 거치는 경우가 많다.

현장훈련은 말 그대로 현장에 적응하기 위한 기간을 확보하는 것일 뿐, 근로인 신분이 아니다. 현장훈련 기간 동안 사업체에서 긍정적 평가를 받으면 근로계약을 체결하는 방식이다. 사업체와 직무별로 천차만별이기는 하지만 내가 직접 본 사례 중 1개월, 3개월, 6개월, 1년 등 다양한 기간별로 근로계약 체결기간이 설정된다. 사업체 입장에서는 아무래도 장애인 근로인 경험이 부족하다 보니 걱정이 앞서게 되고 계약기간을 짧게 설정하려는 경향이 강하다.

위험부담이 크다 생각하니 소극적으로 나설 수밖에 없는 것이다. 취약한 우리나라의 노동구조가 발달장애인들에게는 더 무르고 약해지는 이유이다. 실제 내가 연계한 아웃소싱(인력파견) 업체의 간부급 직원에게 들은 이야기는 충격이었다.

"이 바닥에서 가장 인정받는 사람이 어떤 사람인 줄 알아요? 근로계약 하고 11개월 됐을 때 별 탈 없이 조용히 자기 발로 나가게 만드는 사람이 인정받아요. 퇴직금 안 주니 돈이 굳고, 장애인 고용장려금도 받을 수 있잖아요. 그게 실력이라 승진하려면 어쩔 수 없이 그렇게 해야 해요."

내가 너무 순진했다. 구직 장애인들만 바라보고 구인업체의 민낯에 소홀했던 탓에 질 좋은 일자리를 연계하지 못했던 것 같아 자책하게 된다. 취업을 준비하는 장애인들은 직업적응훈련에 이어 사업체 현장훈련이라는 여러 코스를 밟고 간신히 취업해도 장기간 근속하지 못하는 상황이 반복된다. 고학력인 대기업 임직원도 50대 초반에 퇴직하고 인생 이모작하며 100세까지 사는 시대인데 장애인은 오죽할까. 이들은 40세가 넘어가면 정년과 다름없다. 대부분 39세가 되면 직업적응훈련 대상에서 벗어나며, 이직이나 취업은 불가능에 가깝다. 초단기 근로계약 취업을 전전하는 장애인들에게는 인생 이모작도 부족하다. 인생 오모작 수준으로 세심하게 준비해야 한다.

발달장애인 취업자 자조모임을 하면 40세 넘은 취업자는 인간문화재처럼 귀한 존재가 된다. 워낙 해당 인원이 없거니와, 40 넘어 정규직 일자리를 유지하는 분들은 선배로서 후배들에게 좋은 모델이 될 수 있기 때문이다. 정책은 장애인의 자립을 지원한다는데 40 넘어 돈 벌 곳은 없다. 결국 최저임금도 보장되지 않는 장애인 보호 작업장에서 용돈벌이나 해야 하는 이들에게 자립이 가능하다고 보는지 묻고 싶다.

장애인 고용장려금

장애인 근로자의 직업생활 안정 도모와 고용 촉진 유도를 위해 의무 고용률을 초과해 장애인을 고용한 사업주에게 일정액을 지원하는 제도

4

내 꿈은 라면 먹고 TV 보는 휴일

"자, 라면 봉지 뒷면을 보세요. 라면 끓이는 방법이 나와 있어요. 한번 읽어 볼까요?"

청년기 발달장애인 자립생활 훈련에 빠지지 않는 절차다. 라면 끓이기 연습. 이들도 언젠가는 부모의 품을 떠나 살아야 하기에 혼자 사는 방법을 연습시키는 과정을 거친다. 왜 혼자 살아야 하는지에 대한 동기 부여를 시작으로 작게 할 수 있는 실천부터 단계적으로 지도하는 것이 실무자들의 몫이다.

'자립'의 의미는 매우 넓고도 주관적이다. 엄마 배 속을 벗어난 시간이 자립일 수도 있고 학교를 혼자 다니는 것이 자립일 수도 있다. 나의 도전 목표와 꿈을 어디에 두느냐에 따라 '자립'의 기준은 달라질 수 있고 달라야만 한다. 학습능력이 느린 발달장애인에게는 '자립'의 스펙트럼이 더욱 넓다. 경계선급 장애에 직장생활을 하는 발달장애인이라면 임대아파트를 얻어 친구와 둘이 사는 것이 자립이 될 수 있지만, 중증에 의사소통이 어려운 발달장애인이라면 세탁기 전원 버튼을 성공적으로 누르는 게 자립의 기준이 되기도 한다.

지금은 이렇게 '자립' 기준이 유연하게 작동하지만, 직업재활사 초반의 나는 그러지 못했다. 반찬과 밥은 무조건 내가 할 줄 알아야 하고, 형광등 정도는 스스로 갈 수 있어야 한다. 공과금은 절대 밀리면 안 되며 내가 사용한 돈은 가계부에 착실히 작성해야 한다. 위험한 상황에 도움을 요청할 수 있어야 하며 이웃들과의 관계도 좋아야 한다. 일요일이라고 늘어져 있으면 안 되고 환기를 하고 이불을 털어야 하며, 대청소로 집을 청결히 가꾸어야 한다. 내가 생각하는 '발달장애인의 자립' 기준에 발달장애인은 없었다. 사전에 나온 '자립'을 외운 듯 딱딱하고 기계적이었다. 그런 인식을 가진 사람이 자립생활 훈련을 시키겠다고 나섰으니 돌이켜 보면 발달장애인들에게 나는 재앙 같은 존재였을지도 모르겠다.

발달장애인들에게 라면 끓이기 연습을 시키겠다며 봉지를 들고 뒷면의 표준 조리법을 소리 내어 읽도록 한다. 연습을 시키며 물 양을 조절하고 안전한 불 사용법을 알려 준다. 글 읽기가 어려운 이들을 위해 사진과 그림으로 설명서를 제작하는 세심함도 발휘해 본다. 나는 정말 열심히 일하는 직업재활사야, 라는 자기 칭찬으로 마무리한다.

주 5일 근무를 마치고 황금 같은 주말을 맞이하면 늦잠에 아점으로 대충 때운다. 설거지는 나 몰라라, 바닥에 먼지가 뒹굴어도 외면하고 싶은 휴일. 평일에 열심히 일했으니 주말엔 게을러져도 괜찮아, 라며 내게 관대함을 선물한다. 월요일이 되면 발달장애인 자립 훈련을 시키며 '휴일이라고 해서 게으른 생활하면 안 됩니다. 혼자

살수록 자기관리를 잘해야 해요'라는 말을 아무렇지도 않게 내뱉는다. 나는 내 삶과 발달장애인의 삶을 다른 삶으로 설계했던 것이다.

발달장애인을 서비스 대상자로 바라보던 시절 내 모습이 정말 부끄럽지만 이 공간에 고해성사한다. 나는 발달장애인을 바꿔 놓을 생각만 했지 사람으로 바라보는 능력이 부족한 메마른 전문가였다. 그랬던 내게 촉촉하게 물을 주는 계기가 생겼으니 취업한 발달장애인들과의 대화가 녹아들면서부터였다. 발달장애인들이 직업훈련 후 취업을 하게 되면 그 뒤에는 '취업자 사후관리'라는 명목으로 안정적으로 근속하도록 지원한다.

훈련생에서 취업자가 되면 자연스레 실무자의 지원 방향이 달라진다. '왜 취업을 해야 하는가'에서 '어떻게 잘 유지할 것인가'로 물음표를 바꾸어 던진다. 직장 상사로 인한 스트레스를 호소하고 늘어나는 몸무게를 걱정하는 취업자들의 고민은 나와 별반 다르지 않았다. 국경일을 기다리며 불금을 즐거워하는 모습이나 월요병에 시달리는 무기력한 모습도 나와 닮았다. 나와 훈련한 발달장애인들이 취업자가 되는 모습을 본 후에야 나는 메마른 전문가에서 촉촉한 조력자로 내 캐릭터를 리셋할 수 있었다. 나는 그들을 바꿔 놓지 못했지만, 그들은 나를 바꾸어 놓았다. 발달장애인들이 나를 직업재활해 준 셈이다.

"선생님, 내일 토요일이라 너무 좋아요. 내일은 진짜 늦잠 잘 거예요. 냄비에 라면 끓여 먹고 이불 덮고 뒹굴 거예요."

예전의 나였다면, 발달장애인들이 내게 이런 말을 입 밖으로 내밀지도 못했겠지. 불호령을 내고 혼낼 게 뻔했으니까. 지금은 내 반응이 달라진 것을 알기에 그들도 내게 편하게 말한다. 늘어져 있고 싶다고, 그게 내가 원하는 자립이라고.

지금의 나는 장애인 당사자 자립훈련이나 부모 상담 때 자립을 강요하지 않는다. 당사자의 기준에서 할 수 있는 자립의 기준선을 설정해 주고, 가족에게 자립의 기준을 낮추시라 권유한다. 물리적으로 혼자 사는 게 자립이 아니라, 본인이 원하는 것을 실현하게 된다면 그게 곧 자립이라 말한다. 반찬을 만드는 방법은 몰라도 좋다. 집 근처 반찬 가게가 어디 있는지 알고 사 오는 법을 알려 준다. 요리는 필수가 아닌 선택사항이 되었다. 요리법을 알려 주기 전에 쉽고 재미있는 요리 유튜브 채널을 공유한다. 방법이 조금 서툴더라도 본인의 취향대로 향유하도록 바라만 본다. 다른 사람에게 도움 요청하는 법을 알려 주기 전에, 내가 도와줄 수 있는 것은 무엇인지 생각하게 한다. '자립'은 능력의 문제가 아닌 '주체성'에 방점을 두어야 한다는 것을 이제는 안다.

지금도 나와 함께하는 발달장애인 취업자 단톡방이 있다. 당사자들이 직접 끓인 쫄아 붙은 떡볶이 사진, 면도 안 한 얼굴 셀카, 망쳐 버린 퍼즐 판까지 날것의 자립생활을 수시로 공유한다. 이제 나와 그들 사이엔 표준전과 같은 자립생활 이야기는 없다. 허점투성이인 사람 냄새가 진동한다. 목이 잔뜩 늘어진 옷은 보기엔 안 좋지만 입고 살기엔 편하다. 자립생활은 반듯한 옷을 갖춰 입는 게 아닌 늘어진 옷을 입어도 되는 삶, 그게 아닐까?

⑤

신비로운 노동요의 힘

　내가 근무하던 직업재활시설은 천연비누 생산과 문구류 포장을 병행하는 곳이었다. 80평의 너른 작업장에 40명의 발달장애 근로인들이 모여 9시 반부터 3시 반까지 같은 작업을 반복했다. 기계처럼 반복되는 일상은 누구에게나 따분하기 그지없다. 발달장애인은 학습이 느린 만큼 같은 패턴의 반복에 지루함을 덜 느낀다곤 하나 작업이 익숙해지면 힘들어하기는 매한가지다. 점심식사 후 배 부르고 등 따순 오후가 되면 여기저기 고개가 고꾸라지는 사람들이 속출한다. 발소리를 쿵 내고 목청껏 이름도 불러 보고 스트레칭도 하고, 찬물로 세수도 시켜 가며 잠을 깨우는 의식을 치르는 게 반복되는 오후의 일과였다.
　시설에는 주 1회 정기적으로 방문하는 기업 봉사단체가 있었다. 한번은 봉사자분께서 오후에 신나는 음악을 틀어 놓고 일하면 어떨지를 제안해 주셨다. 음악치료 분야에서 나온 논문 중에 트로트를 들으며 작업을 하면 생산성이 높아진다는 내용을 보았다고 했다.

'너무 신나는 트로트를 틀면 오히려 흥을 돋워서 작업 망치는 거 아냐?'

속으로 생각했지만 속는 셈 치고 한번 해 보기로 했다. 그날 오후 작업장 맨 뒤에 먼지를 덮어쓴 오디오를 처음으로 개시했다. 버스 기사님들이 좋아할 법한 트로트가 나오는 방송에 주파수를 맞추었다. DJ들의 화려한 입담과 뽕끼 충만한 트로트의 향연은 근로인들의 텐션을 올리기에 충분했다. 한 명 두 명 흥얼거리기 시작하더니 어깨를 들썩이는 모습도 보였다. 특히나 다운증후군이 있는 발달장애인의 경우 기본적으로 흥이 많은데, 작업을 하다 말고 일어나서 춤을 추는 사람도 나왔다. 다행히도 대부분은 앉은 자세로 손은 작업을 유지하며 어깨와 입만 흥을 장착한 모습이었다. 세상에나, 이렇게 좋아할 줄 알았으면 진작 틀어 줄걸. 트로트는 노동요로 제격이었다. 노래를 좋아하는 분들에게 대화도 하지 말고 작업에만 집중하라며 정적을 강요했으니 공감능력 빵점의 담당자가 여기 있었다.

객관적 근거를 만들고 싶어 실제 작업 수량을 비교해 보기도 했다. 한 근로인을 타깃으로 아무 음악이 없을 때의 30분 생산량과 트로트를 틀었을 때의 생산량을 비교해 보았다. 월등한 차이까지는 아니지만 트로트를 들으며 작업을 했을 때 완성한 수량이 10% 정도 더 많음을 확인할 수 있었다.

노동요와 생산량의 관계에 대한 분석보다 더 중요한 것은 작업환경 변화에 따른 직장 만족도 향상이었다. 생산량이 늘지 않더라도 즐거운 마음으로 노동에 참여한다면 만족도가 높아지는 건 당연하다. 급여를 높여 주고 쉬운 작업으로 바꿔 주는 거시적 대안만이 직장 만족도를 높여 주는 것은 아니었다. 오히려 작은 변화와 실천이 체감 만족도 측면에서는 더 나을 수도 있다.

⑥

반짝이는 캔 음료의 비밀

　내가 근무하던 복지관에 직업적응훈련생으로 동행했던 재현 씨. 재현 씨는 자폐성 장애가 있는 21세 청년이다. 행동은 민첩하지만 충동성이 높아 마음이 불안해지면 타해를 했다. 위생 강박이 심하고 반향어도 강해 쌍방향 소통보다 일방적 소통이 가능한 전형적인 자폐인의 특성을 보였다. 자폐성 장애인들은 강박으로 인해 움직임과 일상의 패턴이 조금만 흐트러져도 스트레스 받는다. 이는 그들의 고유한 특성이다.

　양육과정에서 일부러 다양한 옷을 입히거나, 학교 가는 길을 5가지 정도로 다양하게 코스를 짜 훈련시키는 부모님들도 있었다. 한 가지 패턴만 알려 주면 강박이 더 심해질까 걱정되는 엄마의 마음이었으리라. 재현 씨는 매일 11시 50분 땡 하면 복지관 1층 식당에 내려가 식권을 내고 점심식사를 한다. 채소에 대한 거부가 심해 악착같이 골라내고 고기와 소시지 같은 메뉴만 야무지게 골라 먹는다.

여드름성 피부라 고기 종류를 피해야 함에도 조절이 쉽지 않았다. 비장애인들도 자기 절제가 어려운데 자폐성 장애인에게 식성을 통제하라는 건 불가능에 가까웠다.

이후 재현 씨의 일과는 식당을 나와 문 앞에 있는 음료 자판기에서 본인이 좋아하는 탄산음료를 뽑아 마시고 양치질하는 코스였다. 먹는 자리, 방법도 한결같았다. 복지관 앞 아파트에 사는 재현 씨 어머니는 점심시간이 되면 아들이 사고는 치지 않나 전전긍긍하며 찾아오곤 하셨다.

어머니께서는 아들의 특성상 탄산음료는 끊기 어려울 것 같으니 음료를 하나씩 더 뽑아 다른 사람에게 나누어 주는 것을 훈련하고 싶어 하셨다. 장애로 인해 타인과의 교류, 대화가 어려우니 작은 것이라도 나누는 활동을 반복하면 사회성이 길러질 거란 기대감을 안고 계셨다. 캔 커피를 뽑아 팀장님을 드리고, 식혜를 뽑아 대기 중인 보호자께 드리고, 어떤 날은 솔의 눈을 뽑아 버스 기사님께 드리기도 했다. 음료를 주며 "맛.있.게. 드.세.요"라는 인사말을 하는 것도 놓치지 않았다. 그렇게 매일 점심 음료수를 나누어 주는 활동이 일상으로 굳어 버린 3개월 즈음.

문이 열린 남자 화장실 사이로 세면대에서 무언가 열심히 씻고 있는 재현 씨의 뒷모습이 보였다. 뭘 저렇게 열심히 하나 슬쩍 보니 갓 뽑아 온 캔 음료를 비누 거품을 내어 가며 정성스레 씻고 있었다. 흡사 김장철 배추 씻는 엄마처럼 정성이 느껴졌.

'역시! 재현 씨의 장애 특성이 이렇게 빛을 발하는 순간이 오는구

나. 캔이 더러울까 봐 깨끗이 씻어서 주는 정성이라니.'

　감탄을 하고 있던 그 순간! 재현 씨는 캔의 물기를 탈탈 털더니 세면대 옆에 널어놓았던 회색의 찌든 걸레를 드는 게 아닌가? 캔 음료의 물기를 닦아 내겠다며 재현 씨는 캔을 걸레로 정성스레 뽀득뽀득 닦아 내고 있었다. 아뿔싸! 그동안 내가 먹은 캔 음료 반짝임의 정체가 저거였어? 대충격! 사무실에 계시는 선생님들께 내가 본 상황을 알리자 웃음 반 충격 반, 사무실은 아수라장이 되었다. 재현 씨에게 이건 더러운 걸레니 닦으면 안 된다고 말로 설명해 봤자 자극만 될 게 뻔했다. 우리는 말로 통제하기보다 환경을 바꾸기로 합의했다. 화장실에 널어놓았던 걸레를 이동해 아예 테라스 쪽으로 옮겨 걸레가 안 보이도록 조치했고 어머니께는 손수건을 한 장씩 가지고 다닐 수 있도록 요청드렸다. 다행히 그날 이후 같은 상황은 일어나지 않았다. 만약 그날 내가 그 장면을 보지 못했다면…? 상상도 하고 싶지 않다.

⑦ 개털 알레르기가 사라지던 날

직업재활사 업무 중 중요한 미션이자 숨겨진 핵심 업무가 있으니 '신규 직종 개발'이다. 포켓몬스터처럼 수시로 진화하는 노동시장에서 특정 장애의 강점을 반영한 '신규 직종' 개발은 직업재활사에겐 숙명과도 같다. 장애인 관련 법 변화와 이슈를 조합하는 전문성과 무모하리만치 과감한 도전정신이 필요한 업무다. 특히 장애인 직업재활시설은 생산품이 시대적 상황과 잘 맞아야 하기에 직종, 생산품 개발이 척추 역할을 한다.

제과제빵, 천연비누와 화장품, A4 용지와 화장지, 종량제 봉투, 바리스타처럼 유행처럼 돌고 도는 아이템이 많다. 어느 시설에서 대박 났다면 후속으로 다른 시설이 따라가는 형태다. 핵심은 직무가 단순 반복적이면서도 판매가 용이해 수익 창출이 용이한 것이 우선이다. 해당 직종에서 잘 풀린 사례가 나타나면 이를 바탕으로 다른 시설에서 다시 시도해 보는 형식으로 파급하는 과정을 거친다.

수도권의 한 대형 테마파크에서 발달장애인을 캐스트(놀이동산에서 근무하며 고객응대 서비스를 하는 직원)로 채용한 사례가 있었다. 테마파크 입구에서 크레파스처럼 쨍하고 화려한 옷을 입고 귀여운 캐릭터 머리띠를 쓰고 고객을 맞이하기도 하고, 공원을 돌아다니며 간단한 쓰레기를 정리하는 업무였다. 처음에는 기업의 장애인 의무고용률을 채우기 위해 시범적으로 채용했지만 채용인원이 급격히 늘어나면서 직무 범위도 확대되었다. 약 1년 후 다른 지역의 테마파크에서도 발달장애인 캐스트를 채용하게 되면서 장애인 일자리가 확대되었고 우수 사례로 회자되고 있다.

나에게도 비슷한 경험이 있었는데 나와는 상극인 분야였다. 바로 '장애인 애견미용사 양성'사업이었다. 이 사업이 나와 상극이 된 이유는 사업이 어려워서도 아니고 개가 싫거나 무서워서도 아니었다. 나의 심각한 개털 알레르기 때문이었다.

어릴 적 계절 변화를 재채기로 확인하며 살았던 나는 알레르기성 비염 환자다. 계절이 옷을 갈아입을 때, 찬바람이 불 때면 내 코는 강력한 저항정신을 발휘한다. 거기에 덧붙여 털 알레르기까지 있는지라 반려동물을 키우는 집에 가면 재채기에 정신을 못 차리고 눈이 충혈되거나 통통 붓는다. 내게는 꽤나 고통스럽고 고문 같은 시간이다. 그런 내가 '장애인 애견미용사 양성사업'을 맡게 되다니. 번지수를 잘못 찾아도 한참 잘못 찾았다.

먹고살자니 별 수 있나. 내가 직접 애견미용을 하는 것은 아니니 잠깐 견디면 된다는 마음 하나로 무작정 시작했다. 지금은 반려동물 관련 마케팅, 이슈가 워낙 많지만 당시는 '반려견'이라는 말이 막 나오기 시작한 때였기에 반려동물 사업이 활성화될 거라는 기대감이 꿈틀대던 때였다. 시장성은 충분해 보였다. 사업에 참여할 장애인들을 모집하기 위해 홍보물을 만들어 공공기관, 주민센터 등에 배부하고, 동시에 자격증을 취득할 수 있도록 교육하는 학원을 발굴해야 했다.

당시 서울시 전역에 애견미용사를 양성하는 학원은 10개도 되지 않았다. 고양, 부천, 군포 등 수도권까지 샅샅이 뒤져 애견미용사 양성학원을 탐색하고 직접 찾아가 원장님들을 설득하기 시작했다. 교육비는 예산으로 지원해 주니 어려움이 없었지만 강아지를 다루다 다치거나 사고가 발생할 우려가 있기에 학원 측에서는 부담스러워했다. 말이 통하지 않는 동물을 다루는 일이니 사랑하는 마음 없이는 할 수 없는 일이면서도, 사랑하는 마음만으로 이 일을 하게 되면 유지하기 어려운 예민하고 복잡한 직업이었다. 10군데의 학원을 직접 뛰어다닌 끝에 4개 학원에서 수강생을 받겠다는 의사를 보였다. 이제 장애인들을 학원에 배치하고 중도포기 없이 교육받을 수 있도록 서포트만 하면 된다.

자격증 취득 이후 취업은 학원과 나의 공통 역할이었다. 우여곡절 끝에 4명의 여성 지체장애인들이 학원에 배치되었고 이 중 가장 먼저 자격증을 취득한 분이 은주 씨였다. 은주 씨는 휠체어를 탄 지체장애인이었는데, 홀로 두 딸을 키우며 국가의 지원을 받아 생활하고 계셨다. 강아지를 사랑하는 부드러운 마음의 소유자이면서도 꽤나 강단 있는 분이었다. 단 한 번의 결석도 없이 꾸준히 교육을 받아 단기간에 자격증을 취득했고 강아지에게 손가락을 물려 꿰매는 부상을 입었음에도 학원에는 꼭 나오는 열정 장학생이었다. 우리는 은주 씨의 취업지원을 위해 다시 한번 애견 미용 숍과 동물병원을 수소문했다. 서울시 곳곳에 체인점으로 운영되고 있는 숍 본사에 연락해 요청하고, 규모 있는 개인 숍의 문도 두드려 보았다. 큰 숍은 장애인 의무고용률을 내세웠고, 작은 숍은 우리 기관에서 지원해 줄 수 있는 방안을 제안하며 설득에 나섰다.

 대부분 장애인에 대해서는 우호적이나 장애가 드러나지 않고 신체적 불편함이 적은 경증의 지체장애인들을 원했다. 고객응대 업무가 많다 보니 의사소통 장애인은 어렵다 했다. 그러던 중 전혀 예상치 않았던 상황을 맞이했으니. 은주 씨가 자신의 이름으로 애견 미용 숍을 오픈한다는 소식이었다. 내가 '취업'에만 열중한 사이 한발 앞서 '창업'을 준비한 것이다. 창업에 필요한 돈은 이모님의 지원을 받았다. 본인이 살고 있는 아파트 단지의 작은 상가를 얻어 한 달 후 숍을 오픈하기로 계약했다는 것이다. 아르키메데스가 유레카를 외쳤을 때의 마음이 이런 마음이었을까? 창업은 직업재활의 영역에서 벗어난 것이라 생각했던 내게 은주 씨의 도전은 내게 돌을 던져 주었다.

 한 달 후, 나는 은주 씨의 숍에 첫 고객으로 방문했다. 한동네 사는 절친에게 이 뿌듯한 과정을 들려주니 같이 가 보고 싶다고 먼저 제안해 주었다. 나와 같은 일을 하는 친구이기에 가능한 선택이었으리라. 토요일 시간을 내어 강아지 은비를 데리고 숍을 방문했다. 은주 씨의 개업을 축하하며 은비의 미용을 맡기고 숍을 둘러보며 내가 그동안 허튼 일을 한 건 아니었다며 뿌듯함을 느끼는 순간, 폭풍 재채기가 시작됐다. 흑…. 이 개털 알레르기…. 으이그, 이 눈치 없는 내 코!

자기 숍을 꾸리고, 새로운 일자리를 개척하는 장애인들이 많아질 수만 있다면 이까짓 개털 알레르기가 대수랴. 승리하는 자가 웃는 게 아니라 마지막에 웃는 자가 승리한다 했다. 은주 씨는 마지막에 당당히 웃는 자가 되었고 승리를 거머쥐었다.

⑧

지식은 없어도 지혜는 있다

　10년 전 근무하던 곳은 성인 발달장애인들이 근무하는 직업재활시설이었다. 말 그대로, 발달장애인들을 위한 사업체였다. 호칭도 근로인으로 불리며, 근태관리 또한 회사처럼 하며 취업이 어려운 발달장애인들이 직장생활을 하도록 마련된 곳이다. 물론 이들이 그곳에서 근무한다고 해서 평생직장처럼 머물지만은 않는다. 평생직장 개념이 없어진 요즘은 좋은 조건과 새로운 꿈을 찾아 이직하듯 발달장애인들도 이직의 노력을 게을리하지 않는다. 직업재활시설에서도 근로인의 외부 취업을 끊임없이 시도한다.
　외부 취업을 위해서는 더 혹독한 자기관리와 노력이 필요한 만큼 근로인들의 업무능력 외에도 전인적 측면에서 관찰하고 지원해야 하는데 시간관리, 위생관리, 체력관리, 다이어트, 외모관리, 의사소통 요령, 대인관계와 예절 등 기초적인 부분들을 꾸준히 지원한다. 비장애인들이 2번 설명하면 체득할 수 있는 것들을 10번 넘게 알려주고 시도하고 반복해야 하니 쉬울 리가 없다. "이런 것까지 가르쳐야 해?" 하는 것들이 불쑥불쑥 튀어나올 때가 있다. 25세인 여성 발달장애인이 초등학교 교문 앞 문방구에서 파는 '귀요미' 왕 머리핀을 하고 온다거나, 시계를 볼 줄 몰라 시간관리가 되지 않는 경우, 계절과 반대되는 옷을 입고 오는 경우는 흔하디흔하다.

다운증후군으로 인한 지적장애인인 현준 씨는 고도비만으로 걷는 것을 무척 싫어한다. 걷는 게 싫으니 살이 더 찌고, 살이 찌니 걷는 게 싫어지는 악순환의 반복. 걸어라, 햄버거랑 피자 그만 먹어라, 계단으로 다녀라, 무한 잔소리 반복에도 아랑곳 않는다. 다운증후군 특유의 고집이 드러나는 순간이다.

우리 시설은 산으로 유명한 동네에 있었는데, 산등성이를 깎고 포장해 거주 지역으로 만든 곳이었다. 아래에서 보면 "와…. 저 언덕을 어떻게 올라가?"라고 할 만큼 경사가 만만찮고 눈 내리는 겨울과 삼복더위가 되면 출퇴근길 걱정이 앞서는 곳이다. 현준 씨가 이 길을 왕복으로 걷기만 해도 다이어트 효과 만점이었다. 현준 씨네 집은 시설에서 마을버스 두 정거장 위치였기에 걸어 다니기 딱 좋았다. 한동안은 아침저녁으로 걸어 다니던 현준 씨가 어느 날부터 마을버스 타는 모습이 포착됐다. 훈련교사인 나는 잔소리 모드 발동이다.

"현준 씨! 마을버스비가 얼만데 그 돈을 펑펑 써요. 현준 씨 한 달 월급이 얼만지 알아요? 다이어트도 할 겸 걸어 다니면 좋잖아요. 고작 두 정거장밖에 안 되는데."

엄마 모드로 돌변하는 순간 잔소리 폭격이다. 현준 씨는 귀를 막고 돌아서지만 나 또한 지지 않는다. 아침에는 확인이 어렵지만 퇴근할 때 내려가는 걸 내 눈으로 보겠다며 종례 후 시설 정문까지 나와 현준 씨가 내려가는 모습을 보고서야 들어갔다. 2주 정도 현준 씨의 도보 퇴근을 확인한 뒤 '음…. 이제 현준 씨가 정착한 것 같군' 마음을 놓았다. 현준 씨에게 마을버스비를 얼마나 아꼈는지 계산해서 보여 주며 이 돈을 아껴서 나중에 맛있는 거 사 먹자며 약속도 받았다.

그러던 어느 날. 동료 직원에게 제보가 들어왔다. 현준 씨가 집에 가려면 밑으로 내려가야 하는데 퇴근길에 언덕 위로 올라간다는 것이다. 현준 씨가 운동하러 산에 올라갔다 내려오는 거겠지 생각하며 뿌듯해하던 찰나. 차가운 기운이 나를 감싸며 불길함이 엄습했다. 다음 날 다시 들려온 제보. 현준 씨가 한 정거장 위로 올라가 앞 정거장에서 마을버스를 타는 것이 목격되었단 소식.

'와…. 내가 당했다!'

어처구니없음과 동시에 감탄사가 나왔다.

"현준 씨 머리 진짜 좋다."

이 말밖에는 나오지 않았다. 배신감에 몸서리치며 현준 씨를 혼내고도 남을 나였지만 이번 상황은 현준 씨의 생활의 지혜에 화를 낼 수도 혼을 낼 수도 없었다. 그저 웃음밖에 나오지 않았고 '당신의 노력에 박수를 보냅니다' 해 주고 싶었다. 나라면 그 한 정거장 올라가는 수고 대신 걸어가고 만다 싶지만, 현준 씨는 나의 잔소리에 더 오기가 생겼을 수도 있다. 현준 씨를 불러다 한참을 웃으며 말했다.

"그렇게 걸어가기가 싫었어요? 아니면 마을버스가 좋았어요? 대단하다 대단해. 하하하. 현준 씨 머리 엄청 좋은 사람이네요. 제가 졌어요, 졌어."

그날 뒤로 어떻게 되었냐고? 현준 씨는 이틀간 위에 있는 정류장에 올라가 마을버스를 타더니 원래대로 시설 앞 정류장에서 마을버스를 타고 집으로 가는 패턴으로 돌아갔다. 이번 승부는 지혜의 승리입니다. 짝짝짝!

⑨

지역사회 런웨이

　장애인복지기관 종사자의 복장은 대체로 규율이 까다롭지 않다. 관리자나 간접 서비스 비중이 높은 경우 비즈니스에 맞는 드레스 코드가 필요하지만, 장애인들과 동행하는 실무자는 편의성을 더 추구한다. 중증 장애인에게 직접 서비스를 하거나 치료(언어, 물리, 인지, 미술, 음악치료 등) 분야 종사자들의 경우 안경, 귀걸이 같은 액세서리도 위험할 때가 있어 업무별 적합한 복장 기준이 광범위하다.
　나는 '직업생활을 준비하거나 영위하고 있는 발달장애인'이 주요 고객인 만큼 장애 정도가 최중증에서 벗어나 있다. 전체 발달장애인 중 비교적 장애 정도가 경증인 분들이 대상이다. 그만큼 업무의 편의성에 따라 복장이 자유로운 편인 나지만 유난스레 옷차림과 외모에 신경 쓰는 날이 있다. 바로 장애인 분들과 지역사회 활동을 나가는 날이다.
　보통 월 1~2회 있는 지역사회 활동이나 분기별 나들이, 캠프 등 정기적으로 월 1회 이상 장애인들과의 외부 일정이 루틴하게 돌아

간다. 지역사회 활동을 나가는 날이면 평소보다 단정하거나 예뻐 보이는 옷을 입는다. 화장도 더 신경 쓰고 액세서리도 갖춘다. 불편하더라도 예쁜 신발에 가방도 한번 바꿔 본다. 소개팅을 나가는 것도 아닌데 대체 왜 옷차림에 신경을 쓰는지는 공감하기 어려울 수도 있다. 지역사회로 나가 장애인들을 인솔하는 내 모습이 곧 장애인들의 모습일 것만 같아서다. 흡사 아이 공개 수업일에 명품 가방을 꺼내 드는 엄마처럼 내 모습이 아이의 모습일 것만 같아 '내 새끼 기죽이면 안 되지' 하는 마음으로 불편을 감수한다. 지금은 관리자의 역할을 하느라 직접 장애인들을 인솔해 지역으로 나가는 일이 없지만, 10여 년 전 혈기왕성하던 시절에는 굽 높은 구두 신고 걸어도 힘든 줄도 몰랐다.

 여럿이 우루루 다니다 보면 으레 사람들의 눈길을 사로잡기 마련인데 장애가 있다고 해서 불쌍한 사람 혹은 이상한 사람으로 바라보는 시선이 정말 싫었다. 지하철이나 버스에서 "아이구, 고생이 많네, 좋은 일 하는구먼"이라며 측은하게 바라보는 할머니. 쯧쯧쯧 혀를 차기도 하는 어르신들. 가끔 경험하는 나도 이렇게 불쾌한데 평생을 별난 시선 받으며 살아온 장애인과 가족들은 오죽할까. 지나가는 행인을 붙들고 설명할 수도 없는 노릇이니 시각적 효과로 이미지 메이킹하고 싶었다.

 요즘은 단체 활동보다는 5명 내외의 소그룹활동이나 개별활동을 지향한다. 눈에 띄는 명찰을 달거나 표시는 하지 않고, 아이처럼 손을 잡고 다니지 않도록 한다. 보통의 성인처럼 각자 자유롭게 다니되 길 잃는 사람이 생기지 않도록 멀리서 레이더망을 세우고 바라본다. 돌발행동이 있는 분들은 만약에 대비해 멀리서도 눈에 띄는 빨강, 파랑 상의나 모자를 씌워 주는 정도면 충분하다. 모델들은 런웨이 위에서 눈에 띄기 위해 노력할 때, 우리는 지역사회라는 런웨이 위에서 눈에 띄지 않도록 노력한다. 그 모델들은 마음속으로 생각한다. 밝고 생기 있고 당당한 우리 모습을 보여 주리라. 장애인들에 대한 어두운 시선을 걷어 낼 수 있도록.

10

저는 사이다 먹을래요

　매년 봄, 가을이면 학교의 소풍처럼 직업재활시설에서도 우수 시설 견학을 간다. 규모가 크거나, 창업 아이템이 독특하거나, 매출이 10억 이상 되는 우수 시설에 발달장애인 근로인과 종사자들이 함께 방문하는 일정이다. 근로인들은 더 좋은 일자리를 탐방하는 기회가 되고, 종사자들은 좋은 아이템을 발굴하거나 시설의 매출 신장을 위한 노하우를 전수받곤 한다.

　매일 하던 작업에서 벗어나 버스 타고 멀리 가니 소풍이 따로 없다. 알록달록 소풍 느낌 나는 옷차림에 간식까지 두둑이 챙겨 오는 근로인들. 동행하는 우리도 덩달아 설렌다. 맨날 같은 장소, 사람에 똑같은 업무가 반복되는 일상이 재미없기는 그들에게도 매한가지다. 나도 삼성이나 현대 같은 대기업에 견학 가 보고 싶은 마음이 굴뚝같은데 그들도 비슷한 마음이 아니겠어?라는 마음에 기왕이면 크고 멋진 사업장을 보여 주고 싶다.

　한번은 경기도에 있는 대규모 직업재활시설로 견학을 가기로 했다. 칫솔, 휴지와 같은 위생용품을 생산하고 장애인 생산품판매시설로 공공기관에 납품하는 대형 사업장이었다. 시설 인근에 나들이 분위기 낼 만한 공원과 유적지도 찾아보고 점심식사를 할 맛집 정보도 확인했다. 먹고살자고 하는 건데 점심이라도 좀 맛있는 거 먹자며 식사 장소 선정에 신경도 한껏 썼다.

드디어 (명목상) 사업체 견학 가는 날. 버스를 타고 맛있는 간식을 먹으며 룰루랄라 신나는 소풍 길을 떠났다. 오전에 한 곳의 기관 견학을 마치고 두 번째 견학 장소로 이동하는 중간에 점심을 먹기로 했다. 뚝배기 불고기를 잘하는 집이라기에 미리 예약해 놓은 식당으로 향했다. 각자 맛있는 식사를 마치고 예산이 남아 음료수를 추가하기로 했다. 당시 참여 인원이 40명에 가까워 적잖은 인원이었기에 개인의 음료 취향을 일일이 따져 묻기 어려운 상황이었다. 다음 장소로 이동을 해야 하니 시간문제도 고려해야 했다. 근로인들에게 어떤 음료를 마실지 묻기도 전에 음료를 주문했다.

"사장님! 여기 콜라 20병 자리에 골고루 나눠 주세요."

내 주문을 멀리서 듣고 있던 근로인 미연 씨가 손을 번쩍 든다.

"선생님, 저는 사이다 먹을래요!"

원래도 말이 많아 쉴 틈 없이 조잘조잘대는 미연 씨. 나는 순간 화가 났다.

'아니 왜 저렇게 튀고 싶어서 난리야? 주는 대로 좀 먹지!'

내 마음속 못난이가 느닷없이 꿈틀댔다. 내게는 미연 씨의 개인욕구를 들어줄 만한 여유가 없었다. 40명이나 되는 사람들을 인솔해야 했고, 빨리 식사를 마치고 다음 장소로 이동해야 한다는 마음뿐이었다. 눈으로 레이저를 쏘듯 미연 씨를 바라보던 찰나. 얼마 전 영국에서 워킹홀리데이를 마치고 온 후배가 전해 준 이야기가 떠올랐다.

1년간 영국의 지적장애 노인 거주시설에서 일을 하다 온 후배가 들려준 선진국의 이야기는 신선했다. 50세가 넘은 지적장애인들이 공동체를 이루어 사는 시설이었는데 매일 아침 모여 티타임을 갖는다고 했다. 차를 사랑하는 영국이니 티타임에 대한 애정이 남다르긴 했으리라. 그곳은 장애인 거주인 대비 종사자, 봉사자 등 조력자의 비율이 1:1에 가까운 이상적인 형태로 운영하고 있었다. 매일 아침 거주인과 종사자들이 티타임을 갖는데 각자의 취향을 세심히 반영한다 했다. '홍차'라는 메뉴가 단일메뉴가 아닌 각자의 취향에 맞는 브랜드, 온도, 잔, 추가되는 토핑까지 구체적인 욕구를 반영하여 차를 준비하고 제공된다고 한다.

지금은 장애인 복지 서비스의 이용자 vs 종사자 비율이 많이 낮아져 질적 서비스가 제공되지만 당시는 종사자 1명이 15~20명에 가까운 인원을 관리해야 했기에 질적 서비스는 꿈에서나 가능했다. 사고만 안 나면 되지! 라는 마음이 컸던 게 현실이었다. 그런 현장에 있던 내게 개인욕구를 반영한 티타임은 충격일 수밖에. 미연 씨의 당찬 사이다 주문에 나는 영국 이야기가 떠올라 잠시 주춤거렸다.

매서웠던 내 눈의 레이저는 바로 거두어들였다.

"미연 씨! 사이다가 먹고 싶었어요? 그럼 바꿔 줄게요. 혹시 사이다로 바꾸실 다른 분 또 계세요?"

두세 명 정도가 추가로 손을 들었다. 급히 식당 사장님께 2병만 사이다로 바꿔 달라 말하고 상황을 수습했다. 그리고 미연 씨에게 조용히 찾아가 말했다.

"미연 씨, 오늘 되게 용감했어요. 혼자 사이다 먹는다고 말하기 어려울 수도 있는데 자기 생각 말한 모습 정말 좋아요!"

순식간에 상황이 역전되었다. 3분 전까지 레이저 쏘던 사람이 갑자기 칭찬하는 게 이상하다 싶었겠지만 미연 씨에게 그 말은 꼭 해주고 싶었다. 발달장애인들은 작은 것을 반복적으로 훈련하는 과정이 필요한 존재들이다. 말로는 '자기 스스로 권리를 찾으세요. 부당한 것은 당당하게 표현하세요'라고 말하지만 권리라는 말에 너무 큰 무게를 실어 현실감 없게 만든 건 정작 나였다. 작은 것부터 자기 생각과 욕구를 표현할 기회가 있어야 자연스레 내재화가 될 수 있음을 놓치고 살았다.

그날 이후 간식은 물론 식사 메뉴, 장소 선정 등 그들의 의사를 물어보는 훈련을 시작했다. 장애인들의 훈련이 아닌 담당자인 나의 훈련이었다. 스스로 노력이 필요했기에 의식적으로 물어보고 공정하게 선택하는 방법을 고민했다. 모든 이들의 욕구를 반영할 수는 없기에 순서를 정해 보기도 했고 자기표현이 어려운 이들에게 우선권을 주기도 했다. 여전히 숱한 시행착오를 겪고 있지만 작은 것에도 선택하고 표현하는 훈련을 반복하면서 발달장애인의 자기 권리 찾기는 일상의 한 조각으로 자리 잡아 가고 있다.

직업재활시설

장애인이 자신의 능력과 적성에 맞는 직업생활을 할 수 있도록 취업 기회를 제공하고 직업재활과 관련된 서비스 제공을 통해 장애인의 자활과 자립을 도모하는 시설. 장애인 보호작업장, 장애인 근로시설, 장애인 직업적응훈련시설이 있다.

(11)

박카스와 초코파이

요즘 사회 초년생들은 첫 월급을 타면 무엇을 할까?

"학자금 대출 갚아야 돼요."
"할부로 가방 질러야지."
"차 살 돈 모을 거예요."
"부모님 용돈 드리려구요."

갓 졸업한 신입직원과 동료로 인연을 맺으면 질문을 던진다. 내가 초년생이던 20년 전만 해도 "첫 월급 타면 부모님이랑 할머니, 할아버지 빨간 내복 사 드려야지!"라고 말했는데, 요즘은 그 빨간 내복의 상징을 알기나 할까? 그때는 빨간 내복 = 첫 월급이라는 공식이 있었다. 요즘은 취업 자체가 어려운 데다 학자금 대출의 무게에 짓눌린 청년들이 많아 빨간 내복 같은 감성 아이템에 관심 없을 수도 있다.

첫 월급 사용처에 대한 나의 호기심은 동료들에게만 한정되지 않는다. 발달장애인 직업교육 시간에도 급여 이야기를 자주 하는데 취업해서 첫 월급 받으면 무엇을 할지 통과의례로 묻는다. 20년을 주변 조력을 받으며 사는 게 익숙한 그들이 돈을 번다는 건 나 스스로 세상에 우뚝 서겠다는 선전포고다.

첫 월급으로 내가 원하는 것을 사고 베풀 수 있다는 것은 가장 간단하고 강력한 취업동기다. 돈을 벌면 무엇을 할지 질문을 끊임없이 던져 주는 이유다. 직업적응 훈련반에서 취업을 나가는 훈련생들에게 꼭 주문하는 사항이 몇 가지 있다. 본인이 고생해서 번 돈이니 어떻게 쓸지는 본인의 자유지만 이것만은 꼭 해 줬으면 요청한다.

- 첫 월급을 받으면 단정하게 꾸미고 훈련반 친구들에게 인사 올 것
- 빈손으로 오지 말고, 친구들에게 줄 박카스나 초코파이라도 하나씩 사 올 것
- 취업한 이후에는 어디든 방문할 때 빈손으로 가지 말 것

훈련반은 10~15명 내외의 발달장애인들이 낮 시간 동안 작업활동, 직업교육, 가사실습, 체육활동 등을 하며 시간을 보낸다. 이들은 취업을 목표로 훈련 받기에 훈련 중 본인의 구직 요건에 맞는 구인업체가 생기면 면접을 보고 취업을 나간다. 근로계약서를 쓰기 전 2~3주 정도 현장실습을 거치는 경우가 대부분인데 실습에서 떨어지면 다시 훈련반으로 복귀, 합격하면 훈련반은 종료 버튼을 누른다. 훈련생에서 근로인으로 신분 자체가 확 바뀐다. 같이 훈련받던 동료가 멋지게 취

업해 나가는 모습은 남은 자에게 크나큰 자극이 된다.

"준혁이 항공사 사내카페에 바리스타로 취업했대. 월급도 170만 원이나 받는다더라. 좋겠지?"

부러움의 눈길이 오고 간다.
담당 직업재활사가 백번 취업의 중요성을 설명하는 것보다, 옆자리 친구가 당당히 취업하는 모습을 보는 게 훨씬 큰 자극이 된다. 나도 빨리 취업해야겠다는 의지를 꿈틀대게 만든다. 이 자극을 십분 활용하기 위해 취업자들에게 꼭 멋지게 꾸미고 작은 선물이라도 사 들고 오라 부탁한다. 훈련생들 앞에서 "나 어제 첫 월급 받았어. 니들한테 초코파이 하나씩 쏜다!"라고 말하며 우쭐해하는 모습은 선망의 대상이 된다.

실제로 취업을 하면 외모도 준수해지고, 표정과 태도에 자신감이 묻어난다. 자신을 부러워하는 친구들의 모습을 보며 자신감은 한층 업그레이드된다. 취업자에게는 자신감을 심어 주고, 훈련생에게는 의지를 자극시키는 것은 큰돈도 시간도 필요하지 않다. 그저 옆 친구가 사 온 초코파이, 박카스 하나면 충분하다. 첫 월급으로 엄마께 드릴 빨간 내복을 사 들고 집으로 향하는 자식처럼 "내가 이러려고 돈 벌지"라는 말이 자연스레 나오는 그 순간 그들은 두 뼘 더 성장한다.

⑫

옆자리를 내어 주세요

　2020년 취업포털 인크루트가 직장인 1,831명을 대상으로 조사한 결과 직장인 퇴사 사유 1위는 '대인관계 스트레스(15.8%)'로 나타났다. 굳이 조사 결과를 보지 않더라도 직장인이라면 누구나 대인관계 스트레스를 호소한다. 관계 스트레스는 상사와의 관계에서도 오지만 오히려 동료나 직속 사수에게 더 많이 받는 경우가 많다. 상사는 애초에 어려운 관계인 데다 지시받는 관계이기에 기대심리가 낮다. 혼이 나고 스트레스를 받아도 '상사니까 그럴 수 있지'라며 수용한다. 동료나 직속 사수의 경우 비교적 나이 차이가 적고 상사에 비해 편하기에 기대감이 높아지게 마련이다. 기대가 크면 실망도 큰 법. 동료로 인한 대인관계 스트레스는 대부분 직장인의 공통분모다.
　누구나 마찬가지겠지만 발달장애인들도 취업하는 과정에서 여러 사람들과 면접을 보고 단계를 거친다. 취업알선 담당자(장애인 복지관, 한국장애인고용공단, 일자리센터 등)와 1차 면접을 보고 구인업체 인사 담당자와 1단계 혹은 2단계에 걸쳐 면접을 본다. 비장애인의 경우 3개월 수습기간을 거치며 근로계약을 하지만, 발달장애인은 대부분 '지원고용' 절차를 거쳐 취업하게 된다.

> **지원고용**
>
> 직무 수행이 어려운 중증 장애인의 고용 촉진을 위하여 중증 장애인을 고용하기 전 사업장에 직무지도원을 지원해 주고 사업주에게 보조금을 지원해 주는 고용 형태

근로자로서 신분을 얻기 전에 '훈련생' 신분으로 짧게는 2주 길게는 1달이 넘는 기간 적응하고 평가하는 기간을 거친다. 사업체에서 발달장애인 채용경험이 없거나, 근로계약 확신이 부족할 때 한국장애인고용공단의 예산지원을 받아 진행한다. 면접 절차까지는 당연히 인사 담당자에게 괜찮은 사람으로 보여야 한다. 지원고용과 근로계약 이후에는 '잘 보여야 하는' 대상이 달라진다. 이때의 Key Man은 바로 발달장애인 근로인 바로 옆자리 사람이다. 인사 담당자는 채용하고 근로계약을 체결하면 굿바이 하는 관계다. 업무상 장애인 근로인을 채용하고 장애인 의무 고용률을 채우면 임무 완료이기에 사건사고가 없는 한 크게 관심 갖지 않는다.

> **장애인 의무고용률**
>
> 일정 규모 이상의 사용자에게 일정 비율 이상의 장애인을 고용하도록 하고, 이를 이행하지 않을 경우 부담금을 납부하도록 한 제도

발달장애 근로인들은 돌발 상황 대처가 어렵고, 직무의 융통성 있는 조절이 쉽지 않다. 누군가는 옆에서 봐 주며 업무를 지시하고 점검해 줄 사람이 필요하다. 대부분 업체에서는 발달장애인을 세심하게 봐 줄 수 있는 사람을 1:1 또는 1:3으로 배치한다. 최근 각광받고 있는 자회사형 표준사업장의 경우 장애인 근로인을 관리할 전담 매니저를 별도 채용하기도 한다.

> **자회사형 표준사업장**
>
> 고용의무사업주(모회사)가 장애인 고용을 목적으로 일정 요건을 갖춘 자회사를 설립할 경우 자회사에서 고용한 장애인을 모회사에서 고용한 것으로 간주하여 고용률로 인정해 주는 제도

　발달장애인이 취업한 뒤에는 안정적 적응과 장기근속을 위해 '취업자 사후관리'를 정기적으로 나가게 된다. 담당 직업재활사가 공들여야 하는 사람은 인사담당자가 아닌 '발달장애인 근로인의 바로 옆' 사람이다.

　대학 4학년 때 현장실습을 하며 취업자 사후관리를 나간 적이 있다. 당시 서울에 소재한 문구 생산공장에 발달장애인 5명이 취업한 곳이었다. 생산직 특성상 근로인들 간 호흡이 매우 중요했다. 1년 넘게 근무한 승훈 씨의 사후관리차 방문한 길이었다. 승훈 씨의 옆, 앞에는 40대 중반의 어머니뻘 동료들이 호흡을 맞춰 일하고 있었다.

"애가 자폐라 정확하게는 하는데 오후만 되면 졸려서 죽을라 그래요. 내가 아주 얘 잠 깨우느라 힘들어 죽겠어!"

잔소리와 한숨이 뒤엉킨 한탄 속에 난 어찌할 바를 몰랐다. 동행했던 직업재활사 선생님의 발 빠른 대응력이 빛을 발했다.

"아휴 우리 어머니~ 얼마나 힘드신지 제가 잘 알지. 승훈 씨가 약을 먹어서 그런 거 잘 아시잖아요. 그래도 제일 잘 챙겨 주시면서."

홍삼 캔 음료 하나를 쓰윽 내밀며 조용히 챙겨 드리는 센스를 십분 발휘한다. 옆자리 동료분은 투덜대면서도 "승훈이도 돈 벌겠다고 나와서 고생하는 거 안쓰러우니 엄마 같은 마음으로 챙기는 거지. 나나 되니까 하는 거지, 누가 이렇게 챙겨 줘요." 머쓱한 마음을 담아 동료분도 아쉬운 소리 한번 보태 본다. 사업체는 영리를 추구하는 곳이다. 이익 추구에 방해가 되는 상황이 용납되지 않기에 근로인의 노동생산성이 핵심인 조직이다. 그런 곳에서 업무 스펙트럼이 넓지 않은 발달장애인이 근무한다는 건 쉽지만은 않다. 누군가는 균형을 잡아 줄 사람이 필요하다. 때문에 발달장애 근로인의 옆자리 동료가 누가 될지, 어떻게 조력하는지가 직장 적응의 핵심요소로 작용한다. 그들이 빌런이 될 수도 해결사가 될 수도 있다. 발달장애인 취업자 사후관리에 옆 사람에 대한 공을 들여야만 하는 이유다.

레디~ 액션 1

"자 촬영 들어갑니다. 신 넘버 7에 테이크 투! 카메라 풀 샷으로 잡아 주세요! 레디~ 액션!"
"컷!"
"진호 씨! 붐 마이크 똑바로 안 들어요? 카메라에 다 나오잖아요! 다시 찍습니다!"

우왕좌왕 우당탕탕 말도 많고 탈도 많은 그곳에 카메라, 마이크, 슬레이트를 든 사람은 모두 발달장애인이다. 사람이 사는 동안 기회가 3번 온다던데 내 삶에 온 세 번의 기회 중 한 번은 그들과 함께 카메라를 들던 그때 그날들이었다고 확신한다.

평소 영화에는 흥미가 없어 아이들이 좋아하는 디즈니 영화 챙겨 보는 게 전부였던 나였다. 전국에서 유일하게 발달장애인 영화 제작 사업을 했던 직업재활시설과 인연은 우연히 시작되었다. 내 직책은 이름도 낯선 '미디어 교사'. 카메라 구도 하나 맞출 줄 모르는 내가 미디어 교사라니. 뭣 모르고 들어갔지만 민폐가 될 순 없기에 깜냥껏 따라가다 보니 비밀의 문이 열리기 시작했다.

'열려라 참깨~'처럼 보물이 가득한 그곳. 발달장애인들이 영화를 제작한다기에 누군가 적어 준 시나리오를 보며 그들이 연기하고 카메라 들고 촬영하는 정도일 거라 생각한 내 예측은 와장창 무너졌다. 30분 내외인 한 편의 영화를 위해 9개월가량의 시간이 필요했고 시설 안에서 소화하기엔 전문성이 없었기에 지역에 위치한 다큐 전문 프로덕션과 연계해야 했다. 다행히 발달장애인 다큐멘터리 제작 경험이 있는 감독님이 계셨기에 진행은 물 흐르듯 자연스럽게 진행되었다.

근로인 중 영화 제작에 참여를 희망하는 분들을 모집하고 별도의 영화 동아리로 꾸렸다. 영화 제작 첫 단계는 지도 감독님과 동아리 회원들이 함께하는 프리토크 시간.

'지금 생각나는 걸 말해 보세요.'
'내가 화면에 담고 싶은 걸 말해 보세요.'
'평소에 답답했거나 참아 왔던 것 중 표현하고 싶은 게 있으면 말해 보세요.'

자분자분한 목소리로 감독님이 질문을 던지면 여기저기서 손을 들고 이야기가 터져 나온다.

"저는 빨리 여자 친구 만들고 싶어요. 결혼도 하고 싶어요."

"나중에 엄마가 혼자 살라고 했는데 뭘 준비해야 할지 모르겠어요."
"저는 사무직에 취업하고 싶은데 사람들이 장애인이라 못 할 거라고 안 된대요. 그래서 답답해요."

가슴 한편에 자리 잡은 딱딱한 응어리를 토해 낸다. 목구멍으로 터져 나오는 순간 통증은 있겠지만 빠져나온 돌덩이에 속은 홀가분해졌으리라. 여러 사람이 이야기를 토해 낸 끝에 하나씩 연결고리를 만들며 우리가 만들 '영화의 주제'를 발굴한다. 발달장애인들이 뽑아낸 실을 날실과 씨실로 엮어 한 점의 작품으로 완성하는 개념이다. 줄거리를 짜고 시놉시스를 쓰고 시나리오와 대사를 쓰는 모든 과정에는 발달장애인의 어설픈 손길이 고스란히 담긴다. 이런 이야기를 하면 사람들 반응은 대략 이러하다.

"발달장애인들이 시놉시스를 어떻게 써요. 말도 안 돼."

물론 그들에게 "자~ 여러분 우리 영화의 시놉시스 한번 써 보세요"라고 말한다면 결과물이 나올 리 없다.

"우리 영화의 전체 줄거리를 단어로 써 볼까요? 이 영화를 본 관객들이 무슨 생각을 했으면 좋겠어요?"

그들의 언어로 질문하고, 그들의 언어로 풀도록 유도한다. 내게도 어려운 질문이니 쉽게 답변이 나올 리 없다. 담당자의 역할은 그저 잘 들어주고 꼬리에 꼬리를 무는 질문을 던져 주는 것. 귀는 크게 손은 빠르게 움직이는 것, 그거면 충분하다.

2009년 함께 제작했던 영화는 '발달장애인 부부' 이야기를 담은 작품이었다. 실제 시설 내에 발달장애인 부부가 있었는데 다른 근로인들의 부러움을 한 몸에 받았다. 스무 살 넘은 발달장애인에게 연애와 결혼은 저 멀리 빛나는 북극성 같은 것이었으니까. 북극성을 쟁취한 그들이 부러울 수밖에. 반전으로 그들의 결혼 로망을 와장창 깨 주고 싶다는 실제 발달장애인 부부인 두 스태프의 욕구가 맞아떨어졌다.

"우리도 다른 부부처럼 싸움도 오지게 하고, 신랑이 사고 쳐서 맨날 혼내고 그래. 결혼 별거 없어."

시원시원한 성격의 은주(아내) 씨는 걸걸한 목소리로 스태프들에게 말한다. 우리도 다른 부부와 별반 다르지 않다고. 에베레스트를 정복한 사람에게 그곳에 대한 로망이 없듯, 결혼생활도 마찬가지다. 우리는 두 부부의 이야기를 담아 대사로 풀고 지문으로 만든다.

#5.
은주: 지금 몇 신데 이제 들어와! 나는 제사 때문에 전 부치느라 허리가 부서질 거 같은데!
석진: 아…. 미안해….

생활음 담긴 일상이 시나리오에 고스란히 담기고 카메라에 박제된다.

기획회의와 역할분담 2개월, 시나리오 작업 3개월, 촬영 3개월, 편집 및 홍보물 제작 1개월의 시간을 투자해 '영화' 소리만 들어도 진절머리 칠 때쯤 되면 한 편의 작품이 탄생한다. 개봉작으로 배급하지는 못하지만 관계자, 지인, 가족들을 모아 대학로 극장 1관을 통째로 빌려 시사회를 하고 GV(관객과의 대화)도 한다. 상영을 마치고 스크린 앞이 환해지는 순간 모든 스태프들이 무대 앞으로 나와 질문을 주고받으며 "감독님~", "배우님~" 소리를 듣는다. 이 순간을 위해 9개월을 쥐어짠 우리는 환하게 빛나는 스포트라이트에 취하고 만다.

평생 영화는 보고 즐기는 걸로만 알았던 그들이 영화를 제작하는 생산자가 될 줄 그 누가 알았을까. 한 번도 꺼내지 못했던 말들을 토해 내고 카메라에 담아내는 과정은 서로의 상처에 빨간약이 되었다. 2008년에 제작한 영화 '나의 친구'는 고등학교 시절 이유 없이 학교폭력을 당했던 발달장애인 스태프의 이야기를 담았다.

"난 걔들한테 아무것도 한 게 없는데 왜 맞았는지 모르겠어요."

그들이 쓴 엔딩은 멋진 직장에 다니는 발달장애인 주인공이 퇴근길 지하철역에서 학교폭력 가해자를 만나 한바탕 때리고 복수하는 장면이었다. 그들은 카메라 프레임 속에서나마 시원한 복수혈전을 펼쳤고 자신의 억울함을 살풀이했다. 그렇게 해소한 끝에 나온 영화 제목이 '나의 친구'였다. 친구라는 이름으로 때렸던 가해 학생과 친구라는 이름으로 용서한 이들의 끝은 분명 달랐을 것이다.

그 용서의 한복판에 영화 제작이라는 해우소가 있어 다행이다. 용서할 일조차 없었다면 더 좋았겠지만.

시나리오 작업 전에 시나리오 작업에 대한 이해를 높이기 위해
이전에 작업한 작품을 직접 보고 이야기의 흐름을 찾는 과정도 거친다.

발달장애인 스태프들과 함께 시나리오 흐름 잡기

14 레디~ 액션 2

발달장애인들이 영화를 보는 것을 넘어 제작하는 주체로 만드는 과정은 문명 창조와도 같았다. 이제 남은 과제는 취미를 넘어 경제 활동으로 만드는 것. 나는 직업재활사니까! 그리고 이곳은 직업재활시설이니까! 우리가 할 일은 발달장애인을 돈 벌고 세금 내는 주체로 만드는 것이기에 일자리로 창출하고 싶었다. 완성된 작품을 장애인영화제에 출품하고 수상도 했지만 수익 창출로 연결되지는 않았다. 배급을 하고 극장에서 상영한다면 좋았겠지만 치열한 배급 시장에서 살아남기엔 대중성과 완성도가 부족했다. 현실적으로 다른 대안을 찾아야 했다.

취약계층 미디어 교육을 하는 기관, 학교 네트워크 모임이 있는데 그곳에서 고민을 나누던 중 서울 시내에 있는 고등학교 특수학급에서 미디어 교육을 하는 곳이 있다는 소식을 접하게 되었다. 3~4개소의 소수 학교였지만 의미 있는 성과를 내고 있고, 참여 학생들의 만족도도 꽤나 높다 했다. 때마침 영화 제작에 함께한 프로덕션 감독님 중에 학교 미디어 교육을 병행하는 분이 계셨고, 우리 영화 동아리 스태프를 그 수업의 보조교사로 투입하는 방안을 논의하게 되었다.

　막막했던 앞날에 천금 같은 빛이 찾아왔다. 감독님들 입장에서도 보조교사가 필요했고, 서로 협업을 해 본 사이니 호흡에 대한 우려도 씻어 낼 수 있었다. 큰돈을 벌 수 있는 일자리는 아니지만 주 1회 학교에 방문해 2시간 수업보조를 하는 것만으로도 영화 제작 감각을 유지할 수 있어 큰 보탬이 되었다. 학생들 입장에서도 자기와 같은 선배가 영화를 제작한 이야기를 들려주는 것만으로도 좋은 롤모델이 될 수 있었기에 감독님-발달장애인 보조강사-학생이 원원할 수 있는 구조였다.

"선생님, 저 이거 잘 모르겠어요!"

　학교 수업에서만큼은 영화 동아리 스태프들도 당당한 선생님이다. '선생님'이란 호칭이 낯간지러워 부정하던 준석 씨였지만 언제부턴가 자기 스스로 말한다.

"선생님이 이거 도와줄까?"

　쉬는 시간에 학생들과 운동장에 잠시 나가 놀다 오기도 하고, 자신의 영화 제작 경험을 쉬운 언어로 표현해 주었다. 학생들 입장에서도 이해가 쉬워 반응이 좋았다. 한 학기 동안 수업을 하며 조별로 10분 미만의 UCC 한 편씩 완성하는 것을 목표로 했다. 꿈, 계절,

좋아하는 연예인을 주제로 정하고 자유분방하게 촬영에 임한다. 편집은 학생들이 직접 하긴 어렵기에 교사들의 도움이 필요했다. 원하는 편집 방향을 말해 주면 교사들이 프로덕션에서 편집 후 배경음악과 자막 삽입에 힘을 썼다.

두 명의 발달장애인 스태프가 보조교사로 참여했는데 한 명은 수업보조, 한 명은 메이킹 필름 촬영감독으로 함께했다. 하지만 안타깝게도 길게 유지되지는 못했다. 교육 운영의 예산 확보가 관건이었으나 1년간 진행되고 마무리되는 바람에 단기 일자리로 끝나는 안타까움을 삼켜야만 했다.

은지 씨는 경계선급 발달장애인으로 주말 영상 제작 동아리에서 시나리오 담당 스태프로 활약했다. 주말 동아리는 직업재활시설 소속 근로인이 아닌, 외부 취업자들을 모아 별도의 동아리로 조직했는데 은지 씨는 1시간이 넘는 먼 곳에서 매주 토요일마다 빠짐없이 참여했다. 고등학생 때 일반학교 특수학급에 다녔던 은지 씨는 특수교사 선생님께 미디어 교육을 받고 UCC 제작활동에 참여했다고 한다. 워낙 내성적인 성격이라 목소리도 잘 들리지 않던 은지 씨에게 영화 제작은 말없이 대사와 장면으로 보여 주면 되었기에 적성에 딱 맞았다.

졸업 후 기업의 사무보조직(엑셀 처리, 우편물 정리 업무)으로 취업한 은지 씨는 학교 선생님 소개로 내가 담당한 주말 영상동아리에 참여하게 되었다. 우리는 그렇게 인연을 맺게 되었다. 은지 씨는 늘 건조한 표정에 말도 없지만 카메라만 돌아가면 눈이 반짝였다. 물 만난

물고기가 이런 거구나 싶었다. 2년간 동아리 활동을 하며 바라본 은지 씨는 때 묻지 않은 아이디어 창고에 성실함이 강점인 사람이었다. 무엇을 맡겨도 깔끔하게 해낼 거란 기대감을 주기 충분했다.

은지 씨 성향에는 협업보다는 독립된 업무가 제격이었다. 숫기 없고 타인과 의견을 나눌 때면 주눅 들기 일쑤였기 때문이다. 은지 씨에게는 혼자 할 수 있는 별도의 역할을 제시했는데 바로 메이킹 필름 감독이었다. 영화 제작 현장에는 작품을 위한 촬영 외에도 메이킹 촬영기사 1명이 별도로 배치된다. 영화 제작 과정을 카메라에 담아 별도 영상으로 편집한 뒤 완성된 작품 뒤에 에필로그처럼 붙이는 형식이다.

실제 영화를 본 관객들은 메이킹 필름을 보고 나서야 작품의 의도를 이해하고, 정말 발달장애인들이 다 만들었구나~ 라고 받아들이게 된다. 사실상 본편보다 더 중요한 것이 메이킹 필름이다. 메이킹 필름은 촬영기사가 기획의도를 스스로 정하고, 촬영과 편집까지 모든 절차를 전담한다. 협업이 적고 독립적 업무가 가능하기에 은지 씨 성향에 찰떡이었다. 게다가 은지 씨는 영상 편집 프로그램인 프리미어를 능숙하게 다루었기에 기술력까지 보장되었다.

동아리 3년 차에 나는 장애인복지관에서 주말 미디어 교육을 투잡으로 병행했는데 은지 씨를 메이킹 필름 기사로 채용(?)했다. 근로 계약한 관계는 아니었지만 그에게 모든 권한을 위임했다. 18개월가량 진행된 주말 미디어 교육에 은지 씨는 하루도 빠짐없이 출근해 촬영기사 역할에 충실했다.

중·고등학생 발달장애인들이 UCC를 제작하는 동아리였는데 1인

1편의 영상을 제작했고 그 과정과 인터뷰를 메이킹 필름에 담았다. 18개월의 활동이 마무리된 11월. 충무로에 있는 작은 극장 한 관을 빌려 가족들을 모시고 상영회를 개최했다. 작품 상영 이후에는 은지 씨가 만든 메이킹 필름이 상영되었다. 은지 씨와 동아리를 함께했던 친구들도 초대했다. 은지 씨가 만든 메이킹 필름이 상영되니 와서 보고 응원해 달라는 의미였다.

   영화 제작 동아리 활동 3년 차에 메이킹 필름 감독 역할까지 했던 은지 씨에게는 이제 전문가의 포스가 느껴졌다. 카메라에 담긴 구도에는 교육생들의 행복해하는 표정이 가득 담겼고, 가위질을 하는 학생들의 어설픈 손길이 선명히 그려졌다. 마지막 인터뷰 영상에는 교육생들에게 질문도 던지면서 프로페셔널한 모습도 보였다. 10년 가까이 지난 시간에 흐릿해질 만도 하지만 아직도 영화 제작 현장의 열기는 내 체온에 남아 있다.

   은지 씨와는 지금도 꾸준히 만남을 갖고 있다. 이제 30대에 들어선 은지 씨는 이직에 대한 고민을 하고 자립에 대한 구체적 계획도 세우는 나이가 되었다. 자격증이 있으면 정규직에 공무원으로 취업할 수 있을까. 각종 IT 관련 자격증을 취득하고 대회에도 끊임없이 도전한다. 은지 씨는 이제 더 이상 시나리오를 쓰지도 카메라를 들지도 않는다. 프리미어 편집기술도 다 잊었다고 한다. 너무 오래 손을 놓은 탓에 엄두가 나지 않는다며 주저한다. 그런 그녀는 나보다도 먼저 자기 이름이 적힌 책을 발간했고 작가라는 부캐를 얻었다. 언젠가 기회가 된다면 은지 씨와 함께 영화를 만들고 공저로 책을 만들 날이 오기를 바라 본다.

⑮

동물원이 세상에서 제일 싫어요

　봄이 되면 필수 나들이 장소로 손꼽히는 곳, '동물원'이 아닐까 한다. 요즘은 동물권 때문에 질타를 받고 있기는 하지만 봄기운을 느끼며 나들이하기에 이만한 곳이 없긴 하다. 장애인 복지관이나 시설에서도 봄, 가을 나들이로 동물원을 자주 다녀오곤 했다. 특별히 여러 곳을 다니지 않아도 한 곳에서 안전하게 구경하고 식사까지 해결 가능하기에 소풍 장소로는 제격이었다. 12년 전, 나는 인권침해와 노동착취를 당한 발달장애인들을 위한 임시보호 시설에 몸담고 있었다. 법적 용어로 '쉼터'로 구분되는 시설이었다.

> **쉼터**
>
> 폭력 따위로 인하여 어려운 환경에 처해 있는 약자들이 지낼 수 있도록 마련한 장소. 여성, 아동, 청소년, 노숙인 등 사회적 보호가 필요한 사람들이 일정 기간 보호받을 수 있도록 마련된 곳

당시 우리나라의 '쉼터'라는 법적 범위에는 '장애인 쉼터'가 존재하지 않았다. 보건복지부에서 법으로 보장한 쉼터는 여성, 아동, 노숙인 정도였다. 장애인들은 인권침해를 당해도 일시적으로 보호받을 수 있는 곳이 없기에 위험상황에 노출되기 쉬웠고, 이 같은 문제를 해결하고자 보건복지부에서 시범적으로 장애인 쉼터를 운영한 것이다.

서울 1개소를 시작으로 부산 1개소를 추가 개설한 뒤 장애인 쉼터를 법적으로 제정하겠다는 계획이었다. 발달장애인 직업재활만 했던 내가 '인권'과 '법적 지원'에 대해 하나씩 배워 가며 더듬더듬 알아 가던 그때. 전국 각지에서 인권침해와 노동력 착취 현장에서 구출된 사례들이 우리 시설로 연결되었다.

여기에는 (사)장애우권익문제연구소와 당시 방영했던 SBS '긴급출동 SOS 24'가 동행했다. 위기상황에서 구출된 사례들이 쉼터로 배치되면 2~3년간 이곳에서 생활을 하며 지역사회 안에서 자립할 수 있도록 다양한 지원이 이루어진다. 여기에 법률지원으로 가해자에 대한 민·형사소송 또한 진행되는 복합적 업무였다. 이 모든 것을 시설 종사자가 할 수는 없었기에 여러 전문 기관들과의 협력이 중요했고, 언제 가해자가 들이닥칠지 모르는 상황에 종사자들 또한 마음을 졸여야만 했다.

시설에 입소한 장애인들의 사례는 막장 드라마 저리 가라였다. 10년 넘게 양봉 일을 하면서 냉·난방 안 되는 컨테이너 박스에서 살던 수철 씨. 사슴농장에서 새벽부터 저녁까지 사슴 돌보고 녹용을 만드는 업무를 했지만 월급은 받아 본 적 없는 영석 씨. 과일농장에서 허리가 부서져라 일을 했고 농장주인의 도움으로 기초생활수급 등록을 했지만 수급비는 농장주인과 누나가 1/2씩 나눠 먹은 이력이 밝혀진 형진 씨. 어릴 때부터 가족이 없어 거주시설에 살았지만 계속된 폭력에 도저히 살 수 없어 무작정 시설을 나와 3개월을 떠돌았다는 부산의 민우 씨. 이들의 착취 뒤에는 대부분 가족과 농장주의 합심이 있었다는 게 더욱 충격적이었다. 몇몇 사례는 방송에 소개되어 공분을 사기도 했었다. 보상 없이 내어 주기만 했던 그 삶이 오죽했으랴.

시설에 입소한 뒤에도 이들은 사람에 대한 신뢰가 거의 없었다. 손과 얼굴이 온전한 사람이 없었다. 손은 굳은살과 피딱지가 깨끗한 피부보다 범위가 넓었고 뜨거운 햇빛에 타들어간 피부는 실제 나이보다 10살은 더 들어 보였다. 비슷한 경험값을 치른 입소자들이 서로 의지하고, 임가공 작업이나 세차 등을 하며 소소한 급여를 받는 경험은 이들이 조금씩 회복되게 만들었다.

시설에서는 20명의 거주인들이 생활하는 만큼 봄·가을로 나들이는 필수였다. 평일 낮 시간을 이용해 출근하지 않는 사람들이 모여서 나들이를 다녀오자며 회의를 하기 시작했다. 어디를 가고 싶은지 의견을 모으려 했지만 대도시 생활을 하지도, 여가문화를 향유해 보지도 않았던 그들에게 나들이 욕구가 구체적일 리가 만무했다. '외식하기' 정도밖에는 의견이 나오지 않았다. 이런 분위기면 종사자라도 다양한 의견을 내어 '서울에는 이렇게 다양한 나들이 장소가 있어요'라고 알려 주어야 했다. 후보군을 들어 보고 가 보고 싶은 곳을 골라 보도록 제안한 것이다. 회의를 진행하던 나는 첫 번째로 생각난 장소를 별 생각 없이 말했다.

"우리 동물원이나 63빌딩 수족관 가는 거 어때요? 여기서도 가깝고 봄나들이로 동물원만 한 데가 없잖아요."

그때 영석 씨가 손을 번쩍 들며 말한다.

"아이구 선생님~ 저는 이제 동물이라면 진절머리가 나요. 10년을 사슴이랑 살고 질려서 도망쳤는데 동물이 보고 싶겠어요?"

유독 환하게 잘 웃는 영석 씨인지라 웃으며 말하기는 했지만 뒤끝에 남은 한숨 속에 그의 아픔이 느껴졌다. 누군가에겐 최고의 봄나들이 장소가 누군가에겐 고통이 되살아나는 장소였다니. 기본을 놓치고 방심한 나는 뜨끔함에 얼굴이 화닥거렸다.

"미안해요 영석 씨! 제가 미처 거기까지 생각을 못 했어요. 맞아요. 진짜 싫으시겠어요. 우리 다른 데로 알아봐요."

우리는 결국 나들이로 극장영화 관람과 보라매공원 산책을 다녀오기로 했다. 당시 작업 활동으로 시설 앞 작은 마당에 텃밭 가꾸기를 하려 했지만 그마저도 접었다. '그것이 알고 싶다', 'PD 수첩'처럼 사회적 이슈를 다루는 프로그램에 인권 관련 주제를 다루면 가급적 시청하지 않도록 했다. 겨우 덮어 놓고 다독여 놓은 상처를 다시 들춰내고 싶진 않았다.

그 덕분이었을까? 몇몇 분들이 이제 일 안 하고 쉬기만 하는 게 따분하고 좀이 쑤신다며 소소하게 주말농장이라도 하고 싶다 하신다. 때마침 시설에 연결된 후원자분을 통해 경기도 외곽에 놀고 있는 작은 땅을 얻게 되었다. 어차피 비어 있는 땅이니 와서 상추나 토마토라도 키우라며 기꺼이 내어 주셨다. 시설에서 차로 30분도 걸리지 않는 거리라 제격이었다. 거주인분들께는 '여러분들의 화려한 능력을 보여 주세요'라고 외치며 사회복지사들이 교육생이 되기를 자처했다. 농사 경험 1도 없는 종사자들이 농사 경험 풍부한 입소자들에게 교육받는 입장으로 전환되도록 판을 깔아 드렸다. 고등학교 수학여행 가서 선생님과 학생들이 야자타임 하는 것처럼 거주인들은 마냥 신나 했다. 입소 초기 농장이라면 진절머리 난다 했던 그들은 온데간데없었다.

"에이, 선생님! 두둑을 더 높게 만들어야죠. 이리 줘 봐요."
"상추를 이렇게 뜯으면 어떡해요. 밑동까지 다 깔끔하게 뜯어야지."
"현철 씨, 허리 아파서 더는 못 하겠어요."
"선생님은 그럼 농사가 쉬운 줄 알았어요? 우린 이런 거 10년 넘게 했다고요."

옥신각신하며 혼내고 혼나는 가운데 우리는 서로의 장점을 배워 가며 하나씩 채워 나갔다. 고통의 키워드였던 '농장'은 새로운 곳에서 새로운 만남을 통해 소통의 키워드로 전환되었다.

20년짜리
메이킹 필름

①

내 아이디는 Rehabgirl

대학교 1학년 시절 온라인 통신망이 PC 통신에서 인터넷 익스플로러로 변경된 격변의 시기를 맞이했다. 전화선을 끌어다 천리안, 나우누리로 밤새 채팅을 하던 내게 인터넷은 신세계였다. 기계치인 나는 학교 동기 언니들의 지도 아래 Yahoo, Daum의 기능을 배워가며 전산실에서 시간을 보내고는 했다.

Daum에서 아이디라는 걸 만들면 친구와 인터넷으로 편지를 주고받을 수 있다기에 호기심에 눈에 동그래졌다. 잠시 고민의 시간. 아이디를 뭘로 만들지? 이름, 생일, 좋아하는 색깔, 계절 이런저런 조합을 해 보았지만 식상하기만 하다. 그때나 지금이나 난 뻔한 건 질색이다. 한 번 만들면 평생 써야 할 텐데 개성 있고 나를 알릴 수 있는 아이디를 만들고 싶었다. 일주일 정도 가진 고민의 시간. 내가 좋아하는 것들을 하나씩 떠올리며 메모해 보았다. 그중 첫 번째였던 rehabilitation, 바로 '재활'의 영어다. 이 단어를 아이디에 꼭 넣고 싶어 이런저런 단어들과 짝을 지어 보았고, 내 나이에 맞게 활기

찬 이미지를 심어 주고파 뒤에 소녀를 붙여 보았다. 그래서 탄생한 내 아이디 rehabgirl, 지금도 현재진행형인 내 아이디다.

가끔 사람들이 아줌마가 girl을 쓰냐며 타박하긴 하지만 직업재활에 관한 한 난 언제나 소녀로 남고 싶다는 뜻이라고 맞받아친다. 무척이나 소심한 나지만 이상하게 직업 앞에서는 위풍당당 그녀가 된다. rehabgirl 또는 재활소녀라는 이름으로 난 온라인 공간 여기저기에 내 흔적을 남기고 다녔다. 온라인 카페, ○○복지관 홈페이지 게시판, 책 모서리, 필통, 볼펜 등 족적을 남기듯 곳곳에 내 아이디를 남겼다. 어설프지만 나를 알리고 브랜딩하고 싶은 호기로운 마음이었다.

나는 대학 시절 동안 아르바이트를 해 본 기간이 6개월이 채 되지 않는다. 아르바이트를 할 필요가 없어서가 아니라 봉사활동에 더 비중을 두고 싶었기에 돈을 포기했다. 대학 2학년 때부터 졸업 후 발달장애인과 함께할 수 있는 장애인복지관이나 직업재활시설로 취직하겠다고 마음을 먹은 때였다.

현장에 나가면 질리도록 하겠지만 난 취업해서 아마추어처럼 일하고 싶지 않았다. 현장의 공기를 조금 더 일찍 느끼고 싶었다. 평일 기준 주 2일은 무조건 봉사활동을 나갔다. 장애인복지관, 장애아동 조기교실, 주간보호센터, 장애인 직업재활시설, 시각장애인 대필봉사, 장애인 관련 행사지원, 캠프보조 등 과 사무실을 들락거리며 게시판에 붙은 자원봉사자 모집 홍보물을 훑어보곤 했다. 돈이 되는 것도 아니고 누가 상을 주는 것도 아닌데 그때는 봉사활동이 하고 또 해도 계속하고 싶었다. 진심으로 즐거웠고, 발달장애인들과 함께하는 시간이 행복하기만 했다.

수전 손택은 자신의 책장을 볼 때면 "나는 50명의 친구를 보는 것 같았다. 책은 거울로 들어가는 디딤돌 같았다. 나는 다른 어디론가 갈 수 있을 것만 같았다"라고 말했다. 내게 자원봉사 활동이 그런 의미였다. 그랬던 내가 취업 후 막장 드라마처럼 반전을 경험했으니. 직업재활 현장에서는 자원봉사 경력보다 아르바이트 경력이 더 큰 도움이 된다는 것이었다. 믿고 따랐던 친엄마가 새엄마란 사실을 알게 된 것마냥 배신감이 밀려왔다. 장애인 고용업무를 위해서는 일반 사업체의 생리를 명중시키는 '한 방'이 필요함을 나는 전혀 몰랐기 때문이다. 장애인복지관에서 하는 봉사활동에는 그런 내용이 전혀 없지 않은가.

아르바이트를 많이 하고 취업한 동기들은 조직생활이나 장애인 고용사업체 개발, 취업 알선 등에서 굵직한 성과를 보였다. 반면 나는 일반 사업체의 분위기를 전혀 알지 못했다. 매니저의 마음을 잡는 대화법, 무례한 점장에게 예의 있게 받아치는 방법, 거절하는 사업체 앞에 자존심 지키며 대하는 방법이 내게는 절실했다. 책이나 글로는 배울 수 없는 땀 냄새 나는 기술이 부족했다. 이미 현장에 발을 들인 상황이니 아르바이트를 할 수는 없는 법. 나처럼 하나밖에 모르는 외골수 같은 사람이 또 생기게 해서는 안 되겠다는 생각이 들었다.

학교 후배, 대학전공 실습생들이 오면 나는 꼭 권유한다. 봉사활동이나 학점에 목숨 걸지 말라고, 아르바이트하면서 사람들과 땀과 눈물을 나누라고. 그런 경험이 하나둘 쌓이면 나이테처럼 차곡차곡 쌓여 튼튼하게 만들어 줄 거라 강조한다. 내게도 이런 조언을 해 줄 선배가 있었다면 좋았겠지만, 안타깝게도 나는 우리 대학 직업재활 전공 1기였다. 선배가 없어 열정만 앞선 나는 조금 먼 길로 돌아 왔지만, 후배들에게는 지름길을 알려 주는 내비게이션이 되고 싶었다.

②

다담나래

얼마 전 영화 '삼진그룹 영어 토익반'을 보았다. 1990년대 페놀 유출 사건으로 물의를 일으킨 기업을 모티브로, 회사 내 약자 중의 약자인 고졸 여성 사원들이 힘을 합쳐 회사의 비리를 파헤치고 해결해 나가는 작품이었다. 사전 정보 없이 관람한 영화라 제목과 다른 내용에 빠져 몰입도를 높일 수 있었다.

영화를 보고 나니 문득 여성들이 우정을 나누고 주체적으로 등장하는 상업영화는 잘 없을까, 머릿속에 물음표가 떠다녔다. 여전히 남성 중심적인 사회에 대한 울분이 치솟을 때쯤 내 삶을 되짚고 곱씹어 보았고 여성들이 돈독함이 없어서가 아니라 그런 영화는 '잘 팔리지 않기 때문'이라는 나만의 결론에 도달했다. 적어도 내게는 22년 동안 내 삶의 주인으로 살기 위해 노력하며 우정을 나눈 친구들이 있었기에 여성들의 우정을 부정하고 싶지 않았다.

캘린더를 열어 날짜 돌리기를 반복 또 반복. 1998년 7월 어느 날로 되감아 본다. 대학 1학년 신입생이었던 나는 동기 선영을 통해 어느 장애인 복지관에서 주최하는 대회의 자원봉사 활동을 제안받았다. 수업시간과 겹치지 않는 봉사활동이라면 물불 안 가리고 달려들던 나였기에 바로 오케이! 대규모 체육행사에 봉사자로 참여했던 나와 친구는 2주간의 활동을 마치고 담당 직업재활사 선생님과 마무리하는 시간을 가졌다. 당시 신생 복지관에 신입직원으로 근무하셨던 분이셨는데 열정이 대단한 분이었다.

당신은 이 기관에서 전공 학생들을 모아 '전문 자원봉사단'을 조직하고 싶다며 모임에 참여하면 어떻겠냐는 제안을 주셨다. 나는 우리 학교 직업재활 전공 1기로 선배가 없었다. 믿고 따를 선배가 생겼다는 즐거움에 넙죽 받아들였다. 그렇게 학교 동기 3명과 담당 선생님의 학교 후배 3명 총 6명이 모여 '발달장애인 전문 자원봉사단'을 결성하게 되었다. 어색하게 처음 만난 날 우리 6명은 존댓말도 반말도 아닌 어정쩡한 말로 통성명을 하고 인사를 나누었다. 복지관 훈련반에서는 하루 4시간씩 작업 활동이 진행되는데 의료기관 납품용 비닐장갑을 개별 포장하는 일이었다. 발달장애인 훈련생들을 1:1 지도하며 대화를 나누고 서로의 별명을 지어 가며 대화의 물꼬를 텄다. 난 얼굴이 동그래 훈련생들 사이에 '애기 선생님'으로 불렸다.

열 번쯤 모였을까? 기왕 모임 만든 거 멋진 이름이나 짓자며 머리를 맞대었고 '미래를 향해 나아가자'는 뜻의 '다담나래'라는 이름이 탄생했다. 우리는 주 1회 복지관을 방문해 직업적응훈련반에서 취업을 준비하는 발달장애인들을 1:1로 코치하는 활동을 했다. 매주 일요일 오전 10시. 우리는 대학로 민들레영토를 본거지로 정했다.

당시 민들레영토는 예쁘고 잘생긴 알바생을 뽑기로 유명한 곳이었다. 핑크빛 낭랑한 프로방스 유니폼을 입은 알바생을 보러 가는 곳을 우리는 장애학 공부를 하러 간다니 친구들은 우리를 외계인 보듯 했다. 직업재활, 특수교육 관련 도서가 워낙 귀했기에 미국에서 구해 온 원서를 어설프게 번역하며 공유하고, 고민 보따리를 풀었다 담기를 반복했다. 방학에 맞춰 한국장애인고용공단의 실무자 특강에 유일한 학생으로 참석해 6명이 쪼로록 앉아 교육을 듣던 시절. 부산, 해남, 울산 등 전국 각지 직업재활 종사자들이 참여한 강의에서 우리는 관심대상이었고, 일주일 교육 종료 후 교육동기 선배님들을 찾아 전국을 돌기도 했다. 근무지에 찾아가 봉사활동도 하고 끼니를 나누며 우리의 풋풋한 에너지를 전달하곤 했다. 대학 1학년 여름방학을 시작으로 4학년까지 매주 모이고 공부하기를 반복했으니 내 머리는 어설프게나마 커 갔으리라.

에릭슨의 발달단계 이론에 따르면 아기의 성격발달에서 가장 중요한 과정이 '수용과 획득을 통한 신뢰감'이라 한다. 직업재활에 대해 간신히 걸음마만 뗀 그때 우리는 '다담나래'를 통해 직업재활을 자신의 업으로 삼는 것에 대한 신뢰감을 얻을 수 있었다.

우리는 평일에는 봉사활동을 하러 만나고, 주말에는 취업자 자조모임, 여름방학이면 발달장애인 훈련생 캠프를 위해 가족보다 더 자주 보는 사이가 되었다. 매년 여름 안면도로 캠프를 가곤 했는데 폐교를 통째로 빌려 공포체험도 기획하고 문도 안 달린 빈 교실에서 모기에 피를 내주어 가면서도 지칠 줄 몰랐다. 아침 일찍 일어나 훈련생들을 이끌고 고추 따러 밭에 나가고, 밤이면 쏟아지는 별을 보러 가로등 없는 길을 손잡고 걸었다. 발달장애인들과 사랑하는 친구들과 함께했던 그 시간이 20년차 직업재활사인 나를 만들었다.

다행히 우리 6명은 대학 4학년 2학기, 모두 취업하는 영광을 누렸다. 한 달 두 달, 앞서거니 뒤서거니 하며 책상을 하나씩 얻고 명함에 이름을 새겼다. IMF 여파로 채용문이 꽁꽁 닫혀 있던 상황에도 수도권 소재 장애인복지관에 취업할 수 있었던 건 우리가 잘나서도 아니요, 해박한 지식이 있어서도 아니었다. 발달장애인과 동행하겠다는 애정이 있었고, 4년간 실무자 못지않게 발로 뛰며 만든 직업재활 프라이드가 있었기에 가능했다.

2001년 사회생활 시작 후에도 우리는 여전히 주 1회 정기적인 모임을 가졌고 20대 후반이 되면서 하나둘 결혼을 하고 아이를 낳은 뒤에도 꾸준히 이어지고 있다. 단체 채팅방에서는 하루도 쉼 없이 대화를 주고받으며 매듭을 단단히 만들어 가고 있다. 지극히 40대 아줌마다운 대화가 오가며 남편 흉보기, 자녀 교육, 부모님 병원비 문제 등을 고민한다. 20년이란 긴 시간이 지났지만 6명 모두 장애인 복지 관련 직종에서 뿌리를 깊게 내리고 있는 중이다.

"할 줄 아는 게 이거밖에 없어서 먹고살려고 어쩔 수 없이 해"라 말하면 "다른 일 하고 싶은 마음도 없잖아"라고 답해 줄 만큼 우리는 서로를 잘 안다. 소소한 일상이 쌓여 한 사람의 인생이 되듯, 우리의 열정은 켜켜이 쌓여 겹겹의 나이테를 가진 나무가 되었다. 이제는 그 어떤 도끼로 쳐도 휘청대지 않을 만큼 튼튼한 나무가 되었다.

③

경영학과 그녀

　세상 만물 중 홀로 존재하는 게 얼마나 될까. 대부분 짝꿍이 있고 궁합이 잘 맞는 존재가 있다. 음식만 해도 척하면 탁하고 나오는 궁합 맞는 친구들이 있지 않은가. 삼겹살엔? 상추! 라면엔? 신 김치! 치킨엔? 맥주! 영양학적 측면은 배제하더라도 사람들 머릿속에 짝으로 존재하는 것들이 있게 마련이다.

　내 전공인 '직업재활학 또는 재활학'은 대부분 '사회복지학'과 짝꿍처럼 존재한다. 대부분 복수 전공으로 사회복지사, 직업재활사, 장애인재활상담사 자격증을 동시에 준비한다. 크게 본다면 장애인 복지 안에 직업재활이 존재하기 때문이다. 하지만 나는 관점이 조금 달랐다. 장애인들의 직업이 복지 혜택을 중심으로 구성되면 그들은 '혜택 받는 삶'에 익숙해진다. 자립과 직업에 대한 부분은 '복지' 영역에 절반 가량만 걸치고 나머지는 노동시장에 대한 분석과 적용이 필요하다 생각했다. 장애인'만'을 위한 직업이 아닌 보편적 일자리에 자연스럽게 장애인들의 일자리가 확보되는 것이 관건이라 생각했기 때문이다.

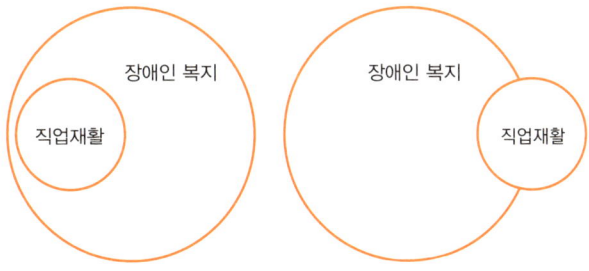

　물론 모든 장애인들이 직업생활이 가능한 것은 아니기에 최중증 장애인들은 복지 프레임 안에서 직업 서비스가 이루어져야 한다. 능력을 최대한 끌어올려 민간 일자리 정착이 가능한 사람은 그들에게 맞는 자리를 찾아 주어야 한다. 여기서 발생되는 문제가 '장애인 복지 종사자들은 복지는 알지만 경제와 노동시장은 잘 모른다'는 점이었다.

　대학 3학년 시절 난 직업재활은 경영학과 찰떡궁합이라 생각했다. 필요성 면에서도, 시급성 면에서도 경영학적 관점이 절실했다. 기업의 생리도 산업 전망도 모르는데 장애인 일자리를 어떻게 준비하고 취업을 연계한다는 말인가. 혼자 끙끙 고민하며 책을 펼쳤다. 발달장애인은 비장애인에 비해 훈련시간이 3배 이상 더 걸리고, 이마저도 담당자가 미리 훈련과정을 설계했을 때 가능한 수치다. 미래 산업을 예측하고 미리 준비해야 한다. 하지만 현장 전문가들은 사회복지에 대한 정보만 빠삭하다 보니 장애인들을 '복지' 없으면 살기 어려운 존재로 고착화시킨다 생각했다.

　오랜 기간 다담나래 친구들과 공부를 하고, 복지관 선생님의 어깨너머에서 관찰한 경험이 있었기에 가능했다. 겉으로는 크게 드러내지 않았지만 찻잔 속 폭풍처럼 나는 무수한 고민을 반복했고, 학부

졸업 후 경영 대학원을 진학하겠노라 꿈꾸었다. 나의 첫 직장은 재직 후 2년이 지나면 대학원 진학이 가능했다. 학자금을 주는 건 아니었지만 30분 일찍 퇴근할 수 있도록 배려해 주는 곳이었기에 2년이란 시간을 채워야 했다. 앞선 2년간 미리 대학원 등록금을 모으고 경제 주간지를 구독하고 마케팅 관련 책을 읽으며 대학원 진학을 차근차근 준비했다. 책에서 본 내용을 직장동료들과 공유하긴 어려웠지만 '대학원 가면 마케팅을 체계적으로 공부해야지', '회계도 잘 알아야겠다', '소비자 심리 분석하는 방법도 궁금해', '물류는 창고 정리하고 배송하는 방법을 배우는 건가?' 경영학 초짜다운 풋내 나는 고민으로 시간을 채웠다.

입사 후 만 2년이 되기 4개월 전 나는 2개 대학원에 원서와 수학계획서를 제출했고, 면접을 보았다. 교수들은 장애인복지 시설 근무자가 왜 굳이 경영대학원에 오려 하는지 의아해했다. 장애인들의 안정적인 일자리 확보를 위해 경영학적 시각을 갖추고 사회적 기업을 확장시키고 싶어 대학원 진학을 꿈꿨노라 말했다. 일주일 후, 난 운이 좋게 한 곳의 학교에서 합격 통보를 받았다. 야호!

내가 직접 벌고 모은 돈으로 학비를 내고, 업무 이후 밤 시간을 쪼개 다니는 대학원은 나를 흥분케 했다. 경영학에 대한 기본기가 없어 따라가기 급급했고, 중소기업을 운영하는 사장님들이 많아 골프모임을 하자는 제안에 입을 꾹 다물고 있어야 했지만 수업하는 순간만큼은 반짝이는 눈빛을 숨길 수 없었다.

동기들 대부분이 40대 기업 대표 또는 간부급이었는데 난 유일한 20대이자 막내였다. 장애인 복지 하는 사람이 이런 데 와서 공부하는 자체가 기특하다며, 돈 얼마나 벌겠냐고 맛있는 밥 사 주고, 커피 사 줄 때 넙죽넙죽 받아먹으며 따랐다.

　고 2 때부터 수포자였던 내게 회계는 너무 어려워 시험을 망치고, 통계학은 까만 건 글씨요 하얀 건 종이라는 것만 확인이 가능했다. 아직까진 내 근무지가 복지 중심으로 돌아가니 학교에서 배운 내용을 바로 써먹기에도 한계가 있었다. 그나마 고객관리, 홍보, 원가절감 정도는 바로 적용이 가능했기에 동료와 과제 이야기를 나누며 활용 가능한 지식들을 현장에 적용했다.

　졸업한 지 15년이 지나 경영학적 지식은 완전 휘발되어 흔적도 없다시피 하지만 스스로 칭찬하는 점이 하나 있다면 남들이 가지 않는 새로운 길에 과감히 들어선 점이다. 여전히 주변 사람들은 왜 사회복지사 자격증은 따지도 않고 경영학을 전공했냐 묻는다. 모두 장애인 복지라는 한 방향을 볼 때 노동시장이라는 반대 방향을 보는 사람도 필요하지 않겠냐고, 나라도 그 길을 보고 싶어 선택했다고 당당히 말한다.

　조금은 외롭고 혼란스러운 경험이었지만 내 선택에 후회는 없었다. 나의 무모한 시도가 발달장애인 자립에도 영향을 줄 수 있다 생각하기에 나 스스로 칭찬하기를 주저하지 않으려 한다.

④

부모가 돼서야 알았습니다

2005년 4월 25일. 첫 아이를 품에 안았다. 스물일곱이란 이른 나이의 출산이라서였을까, 주변에 조언받을 사람이 없어서였을까. 난 무척 용감했다. 예정일을 훌쩍 넘겼지만 진통이 오기 전까지는 평소처럼 출근하고 일상적 삶을 유지하려 했다. 바쁜 일과 속에 출산의 공포를 숨기고픈 마음도 컸겠지만, 고작 3개월밖에 안 되는 출산휴가를 아이와 하루라도 더 함께하고 싶었기에 출산 전 휴가를 아껴야 했다.

4월 25일 오전근무 중 내 의지와 상관없이 갑자기 아래가 축축해졌다. 양수가 터진 것이다. 당황할 만도 했건만 이미 예정일을 넘긴 터라 언제 나와도 이상하지 않았기에 담담히 준비했다. 같은 직장 1층에 근무하던 남편에게 양수가 터진 것 같다고 알리고 산부인과로 이동하기로 했다. 오전 11시 30분. 병원 가면 어차피 밥 먹고 출산해야 하는데 점심이나 먹고 가자는 생각에 1층 구내식당에 내려가 점심도 꾸역꾸역 잘도 먹었다.

"저 양수 터졌어요. 오후에 아기 낳으러 병원 가요."

태연하게 직원들과 인사도 나누었다. 그렇게 나는 산부인과로 향했고 남편은 집에 챙겨 놓은 출산가방을 챙겨 병원으로 합류했다. 아마 지금 내 옆에 동료가 나처럼 출산을 맞이한다면 제정신이냐며 등짝을 때렸을지도 모르겠다. 그때의 나는 무식하고도 용감했다.

산부인과에서는 양수가 터진 게 맞다며 빨리 출산을 해야 하니 유도분만을 하자 했다. 분만촉진제를 맞고 고통과 평온이 반복되는 시간 속에 2시간 반 만에 첫째 아들을 품에 안았다.

첫째 아들은 엄마와 아빠를 닮은 게 맞나 싶을 정도로 코도 오똑하고 눈이 폭 패어 정말 예뻤다. 내 새끼라서가 아니라 정말 예뻤다. (17년 인생을 산 아들은 지금은 누가 봐도 밋밋한 엄마아빠 얼굴이다.) 아이가 배 속에서 나오고 나니 옆으로 돌아 잘 수도 있고 엎드릴 수 있다는 게 정말 좋았다. 출산하면 제일 먼저 침대에 배를 깔고 엎드려 보리라 다짐했는데 그 소원도 이루었다.

2박 3일의 병원생활을 마치고 산후조리원 입실을 앞둔 날. 퇴원을 하기에 앞서 의사 선생님과 상담을 했다.

"아기가 숨 쉬는 게 좀 이상해요. 심장이 좋지 않은 것 같아요. 보세요. 다른 아기들을 숨을 쉴 때 가슴 쪽이 덜 들썩이는데 김영아 님 아기는 숨 쉴 때 속싸개가 크게 들썩이죠? 대학병원 소아심장과에 가서 빨리 검사부터 받아 보세요. 소견서 써 드릴게요."

이게 무슨 청천벽력 날벼락인가. 산전 검사할 때만 해도 초음파나 각종 검사에서 이상소견은 단 한 가지도 없었다. 매번 정상이었고 발육도 표준에서 벗어나지 않는 평범한 아기였다. 산모가 젊은 나이니 건강한 아이를 출산할 거란 자부심도 내심 있었다. 평범이 특별로 바뀌는 데는 고작 30초도 걸리지 않았다. 나는 의사의 한마디에 아기 엄마에서 환자 보호자로 신분이 바뀌었다. 심장이 마구마구 뛰면서 아찔했다. 그렇게 나는 산후조리원으로 아기는 남편을 따라 신촌 세브란스병원 소아심장과로 향했다.

남들은 산후조리원이 마지막 여왕살이를 할 수 있는 곳이라며 편히 쉬고 수다 떨고 맛난 음식 먹고 하는데 내겐 지옥이 따로 없었다. 산후조리원이 아니라 산후감옥이었다. 병원에서 고작 팔뚝만 한 아기를 초음파에 엑스레이까지 찍으며 검사한 결과 '심신중격결손'이라는 병명으로 진단받았다. 엄마 배 속에 있을 때 심실과 심실 사이에 있는 구멍이 메꾸어진 상태로 태어났어야 했는데, 벽에 구멍이 있는 상태로 태어난 것이라 했다. 구멍이 작으면 크면서 자연스럽게 채워지지만, 우리 아기는 구멍이 커서 수술이 불가피하다 했다.

세상이 무너지는 듯했다. 왜 하필 내게 이런 일이 일어난 걸까. 난 도대체 무엇을 잘못했을까. 출산휴가를 미리 쓰고 쉬지 않아서일까, 순산한다고 바닥 걸레질에 빠르게 걷기까지 무리해서일까, 인스턴트식품을 많이 먹어서일까. 모든 것이 다 내 탓 같았다. 미련하고 오만했던 엄마 탓에 아기가 태어나자마자 고생한다는 생각과 미안함이 폭풍처럼 밀려왔다.

펑펑 울어 대며 하늘을 원망했다 기도했다 닥치는 대로 감정을 풀어 댔다. 그때마다 생각나는 사람들은 이상하게도 나와 함께했던 기관의 발달장애인 어머니들이었다. 친정 부모님이 안 계셔서 부모님 생각이 안 났다기보다 이 상황 자체가 우리 어머님들이 겪은 상황일 것만 같아서였다.

실제 당시 함께한 발달장애인 중에 선천적 심장병을 함께 갖고 있는 사람이 꽤 있었다. 스무 살 넘은 자식 직업 하나 갖게 해 주려고 여기저기 상담 다니시는 부모님들은 대부분 죄인처럼 말씀하셨다. (15년 전 현장 상황이며, 요즘은 발달장애 자녀를 낳았다고 해서 부모님들이 죄의식을 갖는 경우는 극히 줄어들었다.) 특히 어머니들. 당신의 잘못으로 아이가 장애가 된 것 같다는 말씀을 20년이 넘도록 하셨던 분들이셨다. 시댁에서 며느리 때문에 손주가 장애를 입었다고 타박하거나 명절만 되면 죄인이 되어 고개도 못 든다는 어머니도 계셨다. 친척 결혼식이 있는 날이면 아이를 맡기고 부부와 비장애 형제만 행사에 참여한다고도 했다. 친정의 먼 친척 중에 지적장애가 있는 사람이 있는데 남편이 유전적 문제 아니냐며 원망한다는 이야기도 있었다. 건강하지 못한 아이를 낳은 내게서 어머니들의 삶이 스친다.

하늘을 원망하면서도 내 탓이라 손가락질할까 봐 두려운 마음을 잠재우지 못하는 내 모습을 본다. 어머님들은 이런 삶을 20년, 30년 사셨을 텐데 그 삶이 녹록지 않았겠구나. 아이 한 번 낳아 본 적 없는 내가 "어머니~ 취업하려면 어머니께서 집에서 혹독하게 가르치셔야 해요! 집에서 설거지랑 청소기 돌리는 정도는 못 하더라도 자꾸 시키셔야죠" 어쭙잖은 잔소리를 해 댔으니 어머니들 보시기에 얼마나 우스웠을까 싶어 얼굴이 화끈거렸다.

 그렇게 아이는 태어난 지 21일 만에 6시간이 넘는 대수술을 이겨 냈고 다행히 열일곱 해라는 긴긴 나날을 건강하다 못해 열정적으로 사는 청소년이 되었다. 나는 3개월 후 복직한 뒤에 어머니들을 보자마자 달려갔다.

 "어머니 저 아기 태어나자마자 심장 수술했어요. 어머니들 생각 정말 많이 났어요. 제가 아이도 안 낳아 보고 어머니들께 했던 말들이 얼마나 경솔했는지 이제야 알았어요."

 용기가 필요한 말이었지만 꼭 전하고 싶었다. 하지 않으면 후회할 것만 같았다. 어머니들 덕분에 그리고 첫째 아이 덕분에 내가 변했다는 것을 보여 주고 싶기도 했다. 눈물을 꾹 참으며 말했다. 부모가 되어서야 당신들의 마음을 알게 되었음을.

 첫 아이를 낳고 마음고생이 너무 심했기에 남편은 더 이상은 아이를 낳지 말자고 했다. 그랬던 우리는 그 뒤로 세 살 터울로 아이를 둘이나 더 낳았고 다둥이 가족이 되었다. 사람 일은 정말 모를 일이다.

⑤

실종된 가족복지를 찾습니다

 복사기 빼고 다 안다는 사내연애. 어차피 알 거 다 알 텐데 마음 편히 데이트하자는 마음으로 나와 신랑은 같은 직장에서 대놓고 연애하는 공개 사내커플이었다. 복사기도 다 아는 커플. 당시 직장에 사내부부가 꽤나 있었고 연애 중인 커플도 있었기에 공개연애가 이상하지 않은 분위기였다. 그렇게 1년을 연애했고 만난 지 1년 언저리 되는 날 결혼식을 올렸다.
 직업재활사와 사회복지사 부부였으니 대충 "같은 사회복지 하는 부부예요"라고 말하고 다녔다. 사회복지 하는 사람끼리 살면 밥벌이가 되냐는 질문도 꽤나 받았다. 결혼 후 1년 뒤에 첫째 아들을 낳고, 3년 후 둘째 딸, 또 3년 후 셋째 아들까지 결혼 9년 만에 다둥이 가족이 되었다. 단시간 경제적 부흥을 이룬 대한민국의 국민답게 순식간에 우리 가족은 양적 성장을 이루었다.
 엄마 아빠가 둘 다 사회복지, 장애인 복지에 종사하는 직업인이지만 우리 아이들은 그 혜택을 크게 누리지 못했다. 학교 교사인 부모는 아이들과 방학을 같이 보내 주고, 의사인 부모는 가족의 건강을 챙겨 주고, 은행 다니는 부모는 재테크 혜택을 누리는 찬스를 얻는데 우리 아이들에겐 부모 찬스라고 할 만한 게 없었다. 아이의 자원봉사 활동을 알선(?)해 주는 정도의 지원은 가능하지만, 내 직장에서 봉사활동을 시키기엔 눈치가 보이는 게 사실이다. 시간 때우기 식이 아닌 실질적 봉사활동을 경험하도록 정보 제공자 역할 정도만 할 뿐이다. 이런 나의 상황은 남의 복지 챙기느라 정작 내 가족복지는 멀어졌단 생각에 손해 같기도 했다.

우리 부부의 결혼기념일은 4월 17일, 첫째 아들의 생일은 4월 25일. 그 가운데 턱하니 자리 잡은 4월 20일은 장애인의 날이다. 매년 4월 20일을 전후로 엄마인 나는 장애인의 날 행사 준비로 바쁘다. 서울시에서 대규모로 진행되는 장애인 취업박람회 준비를 위해 야근을 달고 살았고, 구에서 진행하는 행사 준비를 위해 주말 출근이 잦았다. 그렇게 결혼기념일과 첫째 생일은 내 직업적 특성으로 인해 늘 후순위로 밀려야만 했다. 선물도 챙기고 생일상에 소소한 이벤트도 챙기며 가족으로서 할 건 다 하지만 머리가 무거우니 마음도 마냥 즐겁기는 어려웠다.

같은 직장 동료들 중 워킹 맘끼리 우스갯소리로 하는 말이 있다.

"남의 집 애들 챙기느라 우리 애는 집에 혼자 있고 이게 뭐 하는 건가 싶어요."

내 마음이 그 마음이다. 코로나19로 인해 아이들이 학교에 가지 못하고 집에서 온라인 수업을 듣는다. 내 직장에는 장애인 당사자와 장애인 자녀 돌봄 서비스를 제공한다. 엄마의 지적장애로 인해 아이의 교육이 어렵다 보니 알림장 체크, 숙제 검사, 학부모 상담 일정까지 담당 사회복지사의 섬세한 지원을 받는다. 그 시간 우리 아이들은 엄마가 전날 밤 써 놓은 포스트 잇 메모를 보며 줌 사용법을 주섬주섬 배워 간다.

'엄마~ 줌 연결은 됐는데 소리가 안 들려. 나 어떡해?'

아이에게 카톡이 온다. 9시 반에 보낸 카톡인데 회의 중이란 핑계로 10시 반이 되어서야 확인한 터였다. 아이는 1시간 가까이 소리도 안 들리는 줌을 틀어 놓고 선생님 얼굴만 바라보다 수업을 마쳤다.

일하는 부모 누구나 마찬가지겠지만 어쩔 수 없이 가족은 늘 후순위로 밀린다. 내가 하는 일이 내 욕구와 꿈 실현을 위한 것도 있지만 아이들을 위한 경제적 지원 차원도 있는데, 이럴 땐 내가 지금 뭐 하고 있는 건가 후회가 밀려든다. 내 업무 특성상 사람과 함께하고 돌봄 역할을 하다 보니 가족에 대한 생각이 더 나곤 한다.

직업훈련을 받는 발달장애인 부모님들께 '어머니 7월 20일 보호자 간담회 있습니다', '5월 19일 보호자 대상 성교육이 있으니 꼭 참석해 주세요', '12월 20일 송년행사 있습니다. 가족분들 참석하셔서 공연관람 해 주세요' 보호자분들의 참여를 요청해야 하는 일이 꽤나 있다. 사회생활을 병행하는 부모님들께 휴가 내고 오시라 요청하고, 자녀를 위한 일인데 휴가 하루 못 내냐고 강하게 어필할 때도 많다.

그럼에도 정작 나는 내 가족 앞에 그렇지 못하다. 아이 학교 체육대회 날에 회사에 중요한 회의나 행사가 잡혔다고 못 가 보고, 학부모 상담을 전화 상담으로 대체하기도 했다. 회사에 아쉬운 소리 하기 싫은 마음도 한몫했지만 업무에 지장을 주는 상황에서 용기가 필요한 절차다.

협조적이지 않은 부모님들께 자녀의 자립 지원을 위해 부모 지원이 중요함을 주장하면서도 정작 나는 그렇지 못한 이중적 상황을 수시로 마주한다. 남편 또한 같은 사회복지 분야 종사자이다 보니 업무 성수기 시즌이 나와 비슷하다. 그렇게 가족복지의 공백기가 생길 수밖에 없는 이유 하나가 추가된다. 우리 부부가 은퇴하고 가족과 함께할 시간이 생길 때면 아이들은 우리 곁에 없겠지. 아쉬움이 생기는 미래지만 이미 그 방향으로 시계는 가고 있다.

어느 순간 더는 이렇게 살면 후회할 것만 같아 휴가를 사용해 아이들과 1:1로 시간을 보내기로 했다. 이런 변화의 중심에는 내 업무가 크게 작용했다.

최근 장애인복지계에 발달장애인을 중심으로 '사람 중심 실천'이라는 패러다임이 이슈화 되고 있다. 기존 서비스가 장애인복지 기관에서 프로그램을 만들어 놓고 장애인들이 참여하게 하는 방식이었다면 이제는 장애인이 원하는 서비스를 기관에 요구하는 방향으로 서비스 주체가 전환되는 것이다. 아직 갈 길이 멀지만 현장에 스며들고 있는 단계이다. 발달장애가 있으니 부족함을 채우라고 말하기보다 발달장애가 있으니 당신이 원하는 것을 더욱 촘촘히 지원해 주겠다, 라는 것이 장애인복지 정책의 밑바탕에 깔려 있다. 우리 가족들에게 충분히 적용 가능한 패러다임이었다.

 2018년부터 나는 매년 상·하반기로 나누어 아이들과 1:1 여행을 즐긴다. 나와 같은 야구광에 야구 캐스터를 꿈꾸는 첫째 아들과는 전국 야구장 투어를 다녀오고, 요리사를 꿈꾸는 둘째, 셋째와는 기차 여행으로 전국의 산해진미를 맛보러 다녔다. 기차에서 먹을 소소한 간식을 구입하는 작은 것 하나에도 아이가 주체적으로 할 수 있도록 권리를 부여했고 이날은 온전히 아이가 주인공인 날로 만들었다.

 '실종된 가족복지를 찾습니다' 현수막을 걸고 싶었던 내 마음에 해답은 그리 멀지 않은 곳에 있었다. 가족복지를 실천하는 '방법과 횟수'에만 몰두했던 내가 이제는 '관점과 질'로 시선을 옮기며 방법을 찾게 되었다. 직업이든 가정이든 '사람'은 모두 한 방향으로 통한다. 사람과 함께하는 일을 하기에 얻을 수 있는 내 직업의 강점을 이제야 발견했다. 발달장애인들만큼이나 참 느리고도 더딘 나다.

6

남편의 파스타

 발달장애인의 자립 조력자라는 내 역할이 씨알도 안 먹히는 영역이 있으니 바로 '남편'이다. 돈 벌자고 남의 집 귀한 자식들 혼내 가며 자립 훈련시킬 때 정작 나는 남편과 가사분담 하나 제대로 못 한 채 독박 가사노동자로 살아왔다. 그야말로 '언행불일치 끝판왕'.
 솔직히 고백하자면 남편이 안 한 게 아니라, 내가 분담을 거부하고 독박을 자처했다. 내겐 해결이 어려운 직업병이 있는데 업무시간 외에는 누군가에게 가르치고 싶지 않다는 것. 콜센터 직원들이 퇴근 후 말하기 싫은 것처럼, 요리사가 집에 가면 부엌 근처에도 가기 싫은 것처럼, 개그맨이 가족들 앞에서 과묵한 것처럼. 집에만 가면 입 꾹 다물고 혼자 집안일 하는 게 더 편한 자발적 독박 노동자가 되어버렸다. 남편이 하겠다고 나서도 별로 반갑지 않고, 설거지라도 해놓으면 뒷마무리가 마음에 들지 않아 "그냥 내가 할게" 하는 게 익숙해진 삶을 16년 살다 보니 남편은 자연스레 못하는 사람으로 양육(?)되었다. 누구를 탓하랴, 내가 저지른 것을….

이런 상황에 우리 가족의 요리 노동자 그래프의 변화를 일으킨 사건이 있었으니. 바로 특급투수 '백종원'의 등판이었다. 지금으로부터 4~5년 전 TV에 백종원이라는 요리 구원자가 나타나 쉬운 요리를 전파하지 않았던가. TV를 너무나 사랑해 주말마다 끌어안고 사는 우리 남편의 눈에 백종원 레시피가 들어온 것이다. 그렇게 남편은 "나도 한번 해 볼래!"라며 마치 선전포고하듯 부엌을 점령했다.

우리 남편의 주력 레시피는 '크림 파스타'이다. 난 어릴 때부터 국수 종류를 잘 먹지 못했다. 먹는 속도가 워낙 느린 탓에 국수만 먹으면 팅팅 불어 양이 줄지 않았고 맛도 없었다. 당연히 내게는 국수 = 맛없는 음식이라는 공식이 성립했다. 내가 좋아하지도 않는 메뉴를 가족들에게 잘 해 줄 리가 없을 터. 난 그렇게 국수 요리 못하는 주부가 되었다. 그 틈새를 남편이 비집고 들어왔다. 주부 김영아의 블루오션을 남편이 정확히 꿰뚫어 공략한 것이다.

크림 파스타를 처음 시작하던 날 남편은 핸드폰으로 '백종원 크림 파스타 레시피'를 검색해 블로그 화면을 펼치며 공부를 시작했다. 우유, 버터, 베이컨, 파스타 면, 비엔나소시지, 양파, 마늘 등등 장도 한가득 봐 왔다. 양에 대한 감이 없으니 손이 큰 남편은 무조건 잔뜩 사 왔다. 부족한 것보다 남는 게 낫다는 주의였다. 싱크대 개수대에는 양파 껍질, 마늘 꼭지가 뒹굴었다. 가스레인지 주변에는 프라이팬 밖으로 넘친 우유와 버터, 도마 위에 엉겨 붙은 베이컨과 소시지 기름까지. "소금 어딨어? 후추는 어딨어?" 하도 질문을 해 대는 통에 "이럴 거면 그냥 내가 할게"라는 소리가 목구멍까지 차올랐지만 이내 삼켰다. 이 위기를 넘겨야 신랑도 요린이를 벗어날 수 있다며 잔소리를 삼키고 두 눈을 질끈 감았다. 그렇게 차려진 우리 여섯 식구의 파스타 한 상.

"와~ 아빠, 대박 맛있어!"

가족들의 찬사가 이어졌다. 적당히 짭조름한 간에, 고소한 파스타 향, 듬뿍 곁들인 마늘의 알싸한 맛이 느끼함을 잡아 주는 환상적인 맛이었다. 온 가족이 두 접시씩 파스타를 해치울 동안 남편은 부엌을 초토화시키며 파스타를 갖다 나르기 바빴다. 바닥에 질질 흘리고, 프라이팬 3개에 파스타 면이 눌어붙은 냄비 2개, 채반 2개까지. 설거지는 이미 개수대가 토해 내야 하는 수준까지 차올랐다. 이내 입으로 잔소리의 자음 모음이 하나씩 올라오고, 내 몸은 팔을 걷어붙이고 있었지만 참았다. 그냥 내버려 두라는 시어머니의 만류에 다시 밥상 앞에 앉아 파스타 먹기에만 몰두했다. 엉망을 만들든 바닥을 더럽히든 내버려 두자 되뇌었다. 그렇게 남편의 파스타 만들기와 뒷정리는 시계의 짧은 바늘이 4칸을 가는 동안 계속되었다. 김치 담그는 만큼의 에너지를 바친 신랑의 첫 파스타 만들기는 그렇게 대단원의 막을 내렸다. 그날 이후 우리 가족은 파스타가 당기는 날이면 당연히 아빠가 하는 것으로 생각하며 산다.

남편이 파스타 장인이 된 데에는 특별한 가르침이 있어서는 아닐 것이다. 요리에 레시피나 재료도 중요하지만 본인이 해 보겠다는 욕구와 의지가 중요했고, 그것을 받아들이며 기다린 가족들의 조력이 필요했을 뿐이었다. 남편이 우당탕탕 부엌을 초토화시키며 파스타를 만들던 날, 내가 요리 도구를 빼앗고 저리 가서 내가 해 주는 대로 먹기나 하라고 했다면 어떻게 되었을까? 우리 집의 파스타 전문 요리사는 탄생하지 못했겠지. 어설프게 요리하는 남편의 뒤에서 나는 속으로 주문을 외웠다.

'난 지금 업무시간이다…. 자립훈련 중인 거다…. 그냥 맡기자.'

이날을 계기로 나는 깨달았다. 잘 못하든 망치든 혼이 나든 발달장애인들에게도 '그냥 맡기자'는 태도가 정말 중요한 것임을.
'얼마나 잘하나 두고 보자'가 아닌 '잘 못해도 괜찮아. 난 네가 잘할 거라 믿어'라는 마음으로 원하는 것을 하도록 맡기는 순간 그들도 알지 못한 기회가 열릴 수도 있을 테니 말이다. 안전에 위험한 상황만 아니라면 난 가급적 장애인 당사자들이 직접 해 보기를 권한다.
요리를 망쳐도 괜찮고, 된장찌개에 케첩을 넣는 희한한 레시피가 나와도 좋다. 생각나는 대로 느끼는 대로 한번 해 보라고 권유한다. 혹시 모르지 않은가. 우리 집 파스타 장금이가 탄생한 것처럼 장애인계의 백종원이나 강형욱 같은 재야의 고수가 나올지도.

⑦

중 2와의 공생법

　공산당도 두려워 남침을 못 한다는 대한민국의 어마무시한 존재. 바로 중 2. 2년 전 나는 중 2 아들의 엄마로 한 해를 보냈다. 1년 후, 4년 후 나는 또 중 2의 엄마로 두 해를 보내야 하는 큰 산을 앞두고 있다. 2019년 회사 시무식의 올해 다짐을 발표하는 자리에서 "올해 중 2 되는 아들과 싸우지 않고 무사히 1년 보내는 게 목표입니다"라고 했을 만큼 아들의 사춘기는 내게 막막함과 두려움을 안겨주었다. 전투복 갖춰 입고 총, 칼, 방패를 마구잡이로 들 기세로 시작했다. 아들의 중 2를 맞이하기 전 난 나름의 중 2에 대한 나만의 사전적 정의를 내렸다.

　'부모와 자녀가 기생 관계에서 공생관계로 전환되는 시기.'

　정의가 있어야 해법을 찾을 수 있기에 기승전결의 '기'를 마련하는 데 심혈을 기울였다. 생물학적으로 사춘기는 아동이 성인으로 전환되는 중요한 시기다. 그 시기를 어떻게 보내냐에 따라 사람의 정서적 안정과 사회성 등이 좌우되는 중요한 시기다. 대부분의 부모들은 아이가 사춘기가 되면 어떻게 해야 할지에 대해 답 없는 고민에 갇힌다. 나처럼 말이다.

부모의 주된 고민은 성 교육, 학습태도와 습관, 성적, 학교폭력과 왕따 예방 및 대응책, 건강관리(키 크기, 체중관리, 신체적 2차 성징 등)에 집중된다. 대부분의 매체, 책, 교육 등이 그런 내용들을 중심으로 다루어 주기 때문이다. 하지만 나는 사춘기 자녀와 함께하면서 책이나 교육적 접근은 지양했다. 아예 관련 책을 보지 않았다. 왜냐하면 그 책에는 내 이야기도 없고, 우리 아이의 이야기도 없기 때문이었다. 나의 가장 큰 비전은 '사춘기에 있는 우리 아이와의 관계를 공멸이 아닌, 공생관계로 만드는 것'이었다. 이 비전을 나의 북극성에 두고 나와 아이를 하나씩 들여다보며 별자리를 그리듯 별을 하나씩 그려 넣어 보았다.

이 방식은 발달장애인들의 꿈을 찾고 목표를 설정하는 방식에서 가져왔다. 발달장애인들은 성장과정에서 '하고 싶은 게 무엇인지', '꿈은 무엇인지', '잘하는 것이 무엇인지'에 대한 질문을 생각보다 많이 받지 못한다. 때문에 막상 직업을 가질 시기가 되어도 선생님이나 엄마가 하라고 한 것을 선택할 뿐 자신의 흥미, 적성을 알지 못하는 경우가 많다. 그들이 쉽게 표현할 수 있도록 그래픽과 쉬운 용어를 활용하여 유도하는 실천기법이 있는데 '사람 중심 실천'이라 불린다.

익숙지 않은 긍정적인 질문에 발달장애인 당사자와 가족들은 어색해하지만 2~3회 정도 반복하면 자연스럽게 자신의 꿈과 자랑거리를 펼쳐 낸다. 빵 만들기, 우리 동네 친구 만들기, 헬스장 다니기처럼 숨겨진 욕구를 하나씩 꺼내 놓는 거다. 발달장애인들과 했던 그 활동이 꼭 장애인에게만 해당되는 것은 아니다. 멀리 갈 것 없이 우리 가족들에게 먼저 활용해 보자 싶었다.

중 2짜리 아들에게 함께 이야기해 보자, 써 보자 하면 거부당할 가능성 100%. 승률이 제로인 게임에 배팅해 봤자 남는 건 상처뿐. 나만의 생각으로 머릿속에 커다란 전지를 펼치고 그려 나가기 시작했다. 아들이 좋아하는 것, 잘하는 것, 꿈…. 그동안 듣고 본 정보를 모아 모아 전지를 채웠다. 그때 보였던 것이 '야구'와 '엄마가 아닌 사람으로서의 내 모습 보여 주기' 이 두 가지였다. '아들에게 중요한 것'과 '아들을 위해 중요한 것'을 한 가지씩 선택했다.

아들과 나는 야구 광팬이다. 우리 여섯 가족은 모두 야구 팬이기는 하지만, 나와 큰아들은 야구장에 가서 고래고래 소리 지르고 응원하면서 열정을 다 바쳐 즐기는 '직관파'이고 나머지 네 식구는 집에서 편히 앉아 TV로 해설을 들으면서 보는 것을 즐기는 '집관파'다. 1년에 2~3번은 온 가족이 직관을 가지만 대부분은 집관을 하면서 보냈다. '야구 직관'을 북극성로 찾는 길에 넣었다. 2019년에는 아들과 나와 단둘이 야구장 직관을 10번 가기를 목표로 삼았다. 그 결과는? 1년간 둘이 12번의 야구장 직관을 다녀왔다. 아들이 가고 싶어 했던 창원의 NC 다이노스 신 구장으로 여행도 다녀오고, 잠실부터 고척, 인천까지 지척에서 갈 수 있는 곳으로 열심히도 다녔다.

대화의 대부분은 성적과 불평불만이 아닌 자연스레 '야구'가 주가 되었다. 스토브 리그인 방학 중에는 낮이면 엄마에게 카톡으로 각종 야구 기사와 유튜브 영상을 보내 준다. 왜 공부 안 하고 야구 기사 보냐는 소리는 단 한 번도 해 본 적이 없다. (물론 그 덕에 성적은 엉망이다.) 내가 봤던 기사라 할지라도 "와~ 대박~ 연봉을 왜 이렇게 많이 준대?", "생각지도 못한 FA 계약이네?" 등등 대화를 주고받으면서 자연스레 대화를 이어 나가게 되면서 서로를 가장 친한 야구 친구로 삼게 되었다.

두 번째 실천은 '엄마가 아닌 사람으로서의 내 모습 보여 주기'였다. 봉사활동 오라는 핑계로 단기방학 시즌에 아들이 내가 일하는 회사에 오도록 했다. 점심시간을 이용해 팀원들과 점심도 먹고 차도 마시며 엄마가 어떤 일을 하는지, 회사에서 어떤 존재인지 스스로 보도록 했다. 몇 번 반복하니 회사 직원들과 이모, 삼촌 하는 사이가 되었고 직원들과 함께 야구장 직관도 가는 사이가 되었다. 집에서 늘 아이들 뒤치다꺼리나 하고 음식 해 주는 '엄마'라는 모습만 보여 주는 것이 아니라 밤에 책 읽고, 시 쓰고, 글 쓰는 엄마의 모습을 자연스럽게 보여 주면서, 엄마도 너희 엄마가 아닌 '인간 김영아'라는 존재를 눈으로 확인할 수 있도록 내가 나에게 집중하는 모습을 그림자처럼 드리워 주었다.

중 2 때 꽃처럼 만개했던 아들의 여드름이 이제는 조금씩 사라져 가고 있다. 고등학생이 되면서 부모 동의 없이 아이디도 만들고 은행 업무도 처리할 수 있다는 사실에 나와는 정말 분리됨을 체감하며 살짝 서운함도 느껴지는 시기다. 이제 우리는 각자를 엄마와 아들이 아닌, 사람과 사람으로 바라볼 수 있는 관계가 되고 있다.

가족과의 삶이 일에 보탬이 되듯 업무적 경험이 가족복지에 귀한 자원으로 쓰일 때도 있다. 사람과 사람이 연결되는 일은 하나의 길로 향함을 보여 주는 증거가 아닐까.

⑧

우리 시어머니는 자립 전문가

갑작스레 찾아온 코로나는 우리 가족의 삶을 송두리째 뒤바꿔 놓았다. 중학생 1명, 초등학생 2명인 우리 집 아이들 관리가 가장 큰 걱정이었다. 온라인 수업과 등교 수업을 병행하는 일정이 제각각에 등·하교 일정과 학원 일정까지 셋이 각각이었다. 엄마로서 내가 일상생활 루틴과 스케줄 관리를 도맡기는 했지만 낮에 집에 있는 몸이 아니다 보니 민감도와 섬세함이 떨어질 수밖에 없었다. 대부분의 돌봄과 관리는 함께 사는 시어머니의 역할이 되었다.

시어머니는 30년째 류머티즘 관절염을 앓고 계셔 건강한 상황이 아니었다. 손가락과 발가락이 뒤틀리고 무릎도 성치 않아 활동에 제약이 많았다. 아이들의 모든 것을 어머니가 해 주시기는 현실적으로 어려움이 컸다. 코로나 확산세가 심상치 않다. 잡힐 기세가 보이지 않으니 온라인 수업도 장기화될 조짐이다. 시어머니는 하루 이틀 이렇게 살 수 없으니 아이들에게 집안일을 하나씩 맡겨 보리라 다짐하셨다.

중 3인 첫째 아들은 무언가를 시키면 무조건 "네~" 하는 스타일이다. 하지만 손 기능이 섬세하지 않아 세밀한 직무를 맡기기는 어렵다 판단하셨다. 장점으로는 그나마 셋 중에 근력이 가장 낮고 키가 크니 높은 것을 수행할 수 있다는 점이었다. 그렇게 첫째에게는 청소기 돌리기, 세탁기에서 빨랫감 꺼내기, 다 마른 빨래 걷어 오기, 월·수·금 저녁에 재활용과 쓰레기 내다 놓기 이렇게 4가지가 담당업무로 맡겨졌다.

둘째 딸은 초등학교 6학년으로 사춘기가 올락 말락 하는 시기였다. 무슨 일을 시키면 우선 네보다 아니오가 먼저 나올 수밖에 없는 시기였다. 갑작스레 주어지는 과제를 맡기기보다 고정된 과제를 부여하는 것이 나았다. 기왕이면 본인이 잘하고 좋아하는 일을 칭찬하며 부탁하는 전략이 필요했다. 딸은 장래희망이 요리사였기에 요리하기를 좋아했다. 매일은 아니지만 종종 점심식사 조리 정도는 딸이 맡기로 했다. 간단한 라면, 떡볶이, 토스트, 군고구마, 빵 생지 굽기 정도는 알아서 뚝딱뚝딱 잘도 했다. 그렇게 간단한 점심은 딸의 업무로 쾅쾅!

막내아들은 초등학교 3학년이다. 아직 무언가 맡기기엔 미덥지 않은 나이지만 그래도 시켜야 했다. 몸이 가벼워 재빠르고 아직까진 칭찬이 먹히는 나이였기에 간단한 나르기나 잔심부름은 막내가 도맡기로 했다. 밥상에 수저 놓기, 빨래 개기, 정리한 빨랫감 각 방으로 운반하기, 할머니 약 챙겨 드리기는 막내에게 맡기기로 했다.

시어머니의 전략은 찰떡처럼 잘 맞아 떨어졌다. 처음에는 입을 삐죽 내밀고 투덜거리던 아이들이었는데 한 달 정도 지나니 시키지 않아도 알아서 한다. 두 달여 지나자 이제는 자기가 해야 할 일로 인식하며 산다. 주말에 엄마 아빠가 집에 있어 집안일을 아이들이 안 해도 되는 날에는 직장인이 휴일 맞이한 것처럼 신나 하는 아이들의 모습을 본다. 만약 나였다면 아이들에게 집안일을 맡기진 못했을 것 같다. 안쓰러워서가 아니라 미덥지 않다 여겼기 때문이다. "애들한테 맡겨놔 봤자 내가 다시 해야 할 텐데 뭐. 그냥 내가 하고 말지"라고 생각하고 "애들한테 시키느라 에너지 쓰느니 그냥 냅두자"라고 생각했을 거다. 직장에서야 내 역할이 그러하니 혹독하게 훈련시키지만 집에서의 나는 그렇지 못했다. 오히려 과감하게 맡기고 바라보는 역할은 우리 시어머니가 나보다 100배 잘하셨다. 잘하든 못하든 본인들도 해 봐야 늘고, 공부하는 것보다 일상생활 자립 능력이 어른이 되었을 때 더 중요하다 여기신 거다.

 나는 남편에게도 마찬가지로 집안일을 잘 안 맡기는 반면 시어머니는 보이는 대로 남편을 불러다 시키신다. 잘하면 잘하는 대로 칭찬하고, 못하면 못하는 대로 혼내 가며 장점을 발견하려 애쓰신다. 집에서만큼은 우리 어머니가 나보다 '자립 전문가' 포스를 뿜는 존재다. 시어머니를 보며 다시 한번 자립 지원의 핵심은 '그냥 맡기고 지켜보는 것'임을 상기하고 상기하고 또 상기해 본다.

실패할 권리를
선물받은 삶

1

내가 나를 모르는데

'중이 제 머리 못 깎는다'는 말은 내 직업에도 적용된다. 발달장애인 자립조력은 하지만 내 아이들 자립훈련은 방치하는 것처럼 말이다. 남의 직업 찾아 주고 설계하는데 정작 나는 이 일이 내게 맞는지, 이 직장에 계속 다녀도 되는지 확신이 서지 않는다. 남의 집 티는 눈에 잘 보이고, 좋은 점도 눈에 확 들어오건만 나 자신에 대해선 몰라도 너무 모른다. 직업재활사가 자신의 직업에 대해 객관적으로 바라보지 못하는 아쉬움은 동료들 또한 호소하는 경우가 많다. 내가 내 삶의 주인이 되어 본 경험이 없기에 직업에 대한 자기 확신이 부족하다.

'유럽의 친구들은 고등학교를 졸업한 직후 자신이 무엇을 원하는 지 몰라 일단 논다고 합니다. 그러다가 일단 하고 싶은 게 생기면, 그에 맞춰 공부할 수 있는 곳을 찾아 들어갑니다. 그래서인지 그곳

대학 학생들은 나이대가 참 다양합니다.'[1]

  쫓기듯 살고, 성적으로 모든 것이 좌지우지되는 우리나라와는 딴판이다. 오늘날 대한민국은 대학을 안 가면 하늘이 무너지는 듯, 대학만 가면 천국이 있는 듯 살고 있지 않은가. 대학 전공은 본인 의지보다 성적과 부모의 지도에 의해 결정되는 경우가 많다. 이렇게 수동적으로 진로를 선택한 사람이 20년 후 자녀가 입시준비생이 되면 그제야 못 이룬 자신의 꿈을 자녀에게 요구하는 악순환이 반복된다.

  물론, 모든 사회 초년생들이 이런 코스를 밟지는 않는다. 복지관, 시설에 자원봉사단을 꾸려 찾아오는 학생들도 많고 장애학생 대상 1:1 멘토링을 하고 싶다며 프로그램 개설을 요청하는 앞서가는 학생들도 많다. 성적 때문에 봉사활동 시간 채우러 오는 학생들도 많지만 진로를 위해 진심을 담아 활동하는 학생들도 많이 있다. 중요한 것은 사회복지, 직업재활을 전공하는 학생이 현장에 나왔을 때 과연 이 일이 내게 맞는 일인지, 업으로 삼아도 괜찮을지 스스로에게 반복적으로 질문해야 한다는 점이다.

  모든 직업에 이 과정은 중요하지만 특히나 직업재활사에게 이 물음표가 중요한 이유가 있다. 내 직업관이 명확해야 구직 장애인의 직업관을 바로 세워 줄 수 있기 때문이다. 명확한 내 직업관을 갖는다는 건 배의 평형수와 같은 역할을 한다. 배가 풍랑을 만나 휘청일 때 평형수가 안정감을 유지해 주듯 명확한 직업관은 나를 흔들림 없

---

[1] 박웅현·진중권·고미숙·장대익·장하성, 《생각 수업: 온전한 나로 살아가기 위한 최고의 질문》, 알키, 2015.06.

이 잡아 준다. 구직 장애인이 내 노력만큼 따라 주지 못할 때, 나는 진심으로 취업지원 했는데 오해를 사 민원이 들어갔을 때, 구인업체 개발을 위해 10곳의 사업체를 다녔지만 하나도 성과가 없을 때, 취업에 번번이 실패하는 발달장애인의 부모로부터 원망을 샀을 때 "난 이 직업이랑 안 맞나 봐"라며 좌절하는 시간을 10분 이내로 단축해 주는 역할을 한다.

풍랑을 만날 일도 휘청댈 일도 없다면 정말 좋겠지만, 그렇게 하려면 배를 정박시켜 놓았을 때나 가능하지 않을까? 배는 바다에 나가야 배다! 휘청대고 그 휘청임을 이겨 냈을 때 비로소 '배다운 배'가 될 수 있다. 이 배가 내가 탈 배가 맞는지 확인하는 것은 결국 본인 몫이다. 나를 타자화하여 명확히 바라보고 나의 직업관을 또렷하게 그려 내야 한다.

내가 가장 권하는 것은 사회복지 중에서도 다양한 분야(장애인, 어르신, 청소년, 아동, 노숙인 등)의 자원봉사 활동을 경험하는 것과 아르바이트 경험이다. 방학 중에 전공 3학년 학생들이 1개월 현장실습을 오는데 그때마다 요청하는 것이 '자원봉사 활동'과 '아르바이트'이다. 복지판과 산업현장이 돌아가는 시스템을 체감하고 본인에게 맞는 옷인지 아닌지 스스로 분석하기를 권한다. 좋아는 하지만 맞는 옷이 아니라 판단될 경우 옷의 어느 부분을 바꿔야 내 몸에 맞는지를 체크해야 한다. 단추를 바꿀지, 허리 사이즈를 늘릴지, 길이를 줄일지 등은 본인의 몫이다. 전공 학생 시절은 무한 실패해도 큰 지장 없으니 얼마나 큰 축복인가.

막연히 '난 이 일이 좋아'라는 감정과 '난 잘할 수 있을 것 같아'라는 가능성의 감옥에 나를 맡기지는 말자.

2

도움 거절권

"선생님. 우리 서연이 먼저 해 주지 마시고, 본인이 원할 때만 도와주셨으면 좋겠어요."

서연 씨는 올해 23살 된 다운증후군으로 인한 발달장애인이다. 서연 씨는 인천에서 서울로 이사를 오면서 배울 만한 것이 있을지 수소문한 끝에 내가 근무하고 있는 복지관으로 어머니와 함께 상담을 왔다. 그곳에 계속 살았다면 장애인복지관의 지원을 통해 취업도 가능할 것 같아 보였다. 상담 후 일주일 평가를 진행한 결과 직업 준비에 큰 무리가 없는 것으로 평가되어 동행하기로 했다. 계약서에 사인을 하고 오리엔테이션을 진행하던 날. 어머니께서 가장 강력하게 요청하신 사항은 서연이에게 도움 거절권을 달라는 이야기였다.
대부분 부모님들은 "우리 아이 혼 좀 내 주세요", "우리 아이가 할 줄 아는 게 없어요", "저희 아이 잘 부탁드립니다"라는 말을 달고 사는데, 서연 어머니의 말씀은 외국어마냥 낯설고 색달랐다.

"아이가 학교 다닐 때, 복지관 프로그램도 이용했었어요. 한번은 수업시간에 봉사자가 같이 들어왔는데, 봉사자가 서연이가 할 수 있는 것도 물어보지도 않고 도와줬었나 봐요. 집에 와서는 자기도 잘 할 수 있는데 묻지도 않고 도와주는 게 싫다고 하더라고요. 이 아이들도 도움받는 게 싫을 수도 있잖아요."

날이 바짝 선 회초리로 종아리를 한 대 맞은 듯 정신이 번쩍 들었다. 직업재활사로 몸담은 지 10년 차. 고비를 넘어 나름 전문가라 자만했던 시절. 나 또한 발달장애인들이 당연히 도움받아야 하는 존재라는 생각에서 벗어나지 못했음을 확인했다. 서연 어머니와의 상담은 서연이를 아는 시간이 아닌, 변화가 필요한 내 인식을 확인하는 시간이었다.

복지관, 보호작업장에는 자원 봉사자들이 수시로 오고 간다. 겨울, 여름 방학에는 봉사활동 시간이 필요한 학생 봉사자, 겨울에는 사회공헌 실적이 필요한 기업 봉사자들이 주로 방문한다. 마트의 공산품이나 가전의 계절상품처럼 봉사활동에도 나름의 시즌이 있다. 이때가 되면 활동 시작에 앞서 자원봉사자 교육이 필수인데 장애인을 대할 때의 태도, 말투, 대화방법 등을 자료로 만들어 공유하고 퀴즈도 내며 동기를 한껏 끌어올린다. 교육이라는 마중물을 잘 부어 주어야 진정성 있는 봉사활동이 길어 올려지기 때문이다.

서연 어머니와의 상담 후 나는 곧바로 자원봉사자 교육자료 수정에 들어갔다.

> **발달장애인을 도와주는 방법**
>
> 1. 발달장애인들은 쉽고 간결하게 설명해 주어야 합니다.
> 2. 단계가 있는 지시사항은 한 번에 한 단계씩 설명해 주어야 합니다.
> 3. 발달장애인과 마주 보기보다 옆에 앉아 도와줍니다.

기존의 자원봉사자 교육 자료에서 번호를 하나씩 뒤로 밀었다. 1번에 과감히 다른 옷을 입혔다.

'1. 발달장애인에게 도움받을 의사가 있는지 먼저 물어봅니다. 그들에게 주도권을 주는 것이 좋습니다.'

'발달장애인을 도와주는 방법'에서 '발달장애인과 관계 맺기'로 제목도 바꾸었다. 제목에서부터 발달장애인은 도움받는 사람이란 인식을 준다는 것을 깨달았기 때문이다. 객관성을 유지하되 그들이 함께 채울 여지가 많은 표현으로 탈바꿈시켰다. 교육 멘트도 자원봉사자들의 아킬레스건을 건드릴 수 있게 수정했다.

"여러분들은 오늘 발달장애인들을 도와주려 귀한 시간 내어 오셨죠? 여러분들이 원하는 것이 아닌 당사자가 원하는 것을 해 주셔야 합니다. 그것이 봉사자의 역할입니다. 만약 장애인분이 봉사자분을 도와주려 한다면 그 도움 받으십시오. 봉사자의 기준으로 돕지 마시고, 장애인분께 동의를 구하고 도움을 주십시오. 그들도 도움을 거

절할 권리가 있습니다."

　자원봉사자들은 자기 시간을 투자한 만큼, 봉사활동이 최대한 알차게 쓰임받기를 원한다. 방향성 없는 의욕은 참사를 부르는 바. 무조건적이고 일방적인 활동은 장애인들이 할 수 있는 것도 봉사자의 열정으로 채워지는 결과를 낳는다. 관계의 주도권은 하루만 있다 가버리는 자원봉사자의 몫이 된다.

　현장 실무자로서 봉사자분들께는 진심으로 감사한 마음이지만, 같은 상황이 반복된다면 어떻게 될까? 장애인 스스로 나는 도움받는 게 당연한 사람이라는 인식에 매몰된다. 누군가 선택하고 도와주는 것을 따르는 데에 안정감을 느끼며 마냥 드러눕고 싶어진다. 발달장애인이라서가 아니라 사람은 누구나 그렇다. 서연이나 서연 어머니처럼 이런 상황을 스스로 박차고 저항하려는 사람이 얼마나 될까. 나 또한 직업재활 현장근무 10년 만에 만난 유일한 존재가 그들 아니었던가.

　장애인 복지 현장에 몸담은 실무자로서 나의 첫 번째 고객은 장애인과 가족, 두 번째 고객은 우리 사회다. 장애인들의 가능성을 최대한 끌어올리는 것이 나의 역할이고, 이들도 할 수 있는 사회를 만드는 것 또한 내 역할이다. 장애인들에게 열쇠를 쥐어 주고, 우리 사회에는 열쇠 구멍을 만들어 주는 내 일. 열쇠를 구멍에 넣을지 말지는 온전히 주인의 몫으로 남겨 놓아야 한다.

3

장애가 생기면 친구가 되나요?

　장애자, 정박아, 정신지체인, 정신병자, 불구자. 텍스트로 쓰는 것조차 민망한 이 말들은 우리 사회의 장애인식을 보여 주는 민낯이었다. 일제강점기만큼이나 부끄럽고 참담하지만 직면하고 고쳐야 하는 시대적 과제였다. 초고속 경제성장을 이룬 대한민국의 저력이 여기에도 반영된 걸까.
　2000년대 초반 급작스레 신조어가 등장했으니 '장애우(友)'라는 표현이다. 시작은 1987년 설립된 사단법인 장애우권익문제연구소에서부터였다. 당시 장애인복지법만 간신히 있던 시절 신체적 장애인들을 중심으로 장애인의 권익신장을 위해 노력하는 곳으로 정평이 나 있던 곳이었다. (현재도 명맥을 유지하며 장애인 인권신장을 위해 애쓰고 있는 단체이다.) 이곳을 모티브로 장애인을 '장애우'로 부르자는 운동이 시작됐다. 언론과 매스컴에서는 일제히 장애인에 대한 차별은 없애야 한다며 장애인에 대해 친근감을 느끼도록 '장애우'라는 쓰자고 대대적으로 홍보했다. 내 기억으로는 당시 뉴스 앵

커도 장애우라는 표현을 사용했고, 대선 후보자 공약과 토론에도 이 단어가 등장했었다. 장애 비하 표현이 표준어처럼 불리던 시기였기에 '장애우'라는 표현은 마냥 따뜻하게 느껴졌다. 냉랭하던 얼음밭에 따사로운 햇살이 온 듯, 이제 곧 새싹도 올라오겠구나 기대감마저 들었다.

2000년대 초반 사회생활을 갓 시작한 초짜 실무자였던 나는 장애우라는 표현이 널리널리 퍼지면 장애인들의 삶도 더 나아질 거란 동화 같은 상상을 하곤 했다. 성과가 없지는 않았다. 실제 장애인들에 대해 부족한 사람이란 인식 대신 우리 주변에 흔히 있는 사람이란 생각을 갖게 되어 좋다는 이야기도 현장에서 듣고는 했다. 물론 비장애인들에게만 들었던 평가였다. 이 표현을 대중이 아닌 장애인들의 시각으로 렌즈를 돌려 바라보자.

Q 1) 내가 장애인이 되면 모두의 친구가 되는 건가?

Q 2) 어르신 중 절반 이상이 장애인이라 하는데, 그러면 어르신들은 다 우리의 친구인가?

Q 3) 친구는 내 마음이 원해야 맺어지는 주관적 관계 아닌가?

내가 장애인이 되어 이 말을 듣는다고 상상을 하니 뒷맛이 썩 개운치 않다. 물론 비하가 난무하는 명칭에 비하면 꽤나 친절하다. 과연 장애인들이 원하는 것이 친절함일까? 그들이 원하는 것은 특별한 무엇이 아니다. 비장애인에게는 보통이요 당연한 것이 장애인들에게는 특별하고 대단한 것이다. 그들은 그런 삶을 살아왔다. 우리가 "뭐 먹을까?"를 고민할 때 "내가 거기 가서 먹어도 될까?"를 고민하는 게 그들의 삶이다. 이들이 던지는 물음표에 대한 답변은 쉽게 해 주지도 않으면서 갑자기 우리의 친구가 되어 달라 한다. 내가 가고 싶은 곳을 자유로이 가지 못하고, 원하는 것을 쉽게 살 수도 없는데 어떻게 친구가 된단 말인가. 아니 친구가 무슨 소용이란 말인가. 장애인들이 원하는 것은 친절함과 우정이 아닌 '보통의 삶' 그 자체다. 보통의 삶을 살 수 있는 환경만 된다면 친구관계는 자연스럽게 만들어진다.

이제는 장애계에서도 '장애우'라는 표현은 적절치 않다는 판단에 사용하지 않은 지 오래다. 그럼에도 자원봉사자로 만나는 분들 중에는 장애우란 표현이 왜 나쁘냐, 더 좋은 표현 아니냐, 라고 반문하는 분들이 꽤 있다. "선생님께서 사고로 장애를 입게 되셨을 때 장애우와 장애인 중 어떤 표현이 더 듣기 좋으시겠어요?"라고 물으면 대개 장애인이란 표현에 손을 든다.

법적 표현이고 객관적인 표현이기에 감정을 강요하지 않는다. 장애인에게 어떻게 해야 한다는 의무감도 주지 않기에 받아들이기가 수월하다. 조금만 입장을 바꿔 보아도 같은 단어가 다르게 다가온다. 장애인을 바라보는 입장이 아닌 그들 옆에 서서 듣고 말하는 연습을 해야 하는 이유이다. 국내 장애인구 중 10%는 선천적 장애인, 90%는 후천적 장애인이다. 비장애인이 '예비 장애인'의 입장에서 생각하며 살아야 하는 이유이다.

'중심이 아니라 주변에서 살아야 했던 이들이 이제 주체가 되면서 자신들을 부르는 이름을 자신들이 정의(definition)하는 것이 비로소 주변에서 걸어 나오는 데 필수적이기 때문이다.'[2]

　장애인들이 가장자리를 맴돌지 않도록 하는 첫 단추는 그들이 원하는 호칭을 인정하는 것이다. 바톤을 그들에게 넘기자.

---

[2] 조이스 박, '[Joyce의 세상물정 영어] PWD – 장애인을 일컫는 새로운 표현', 넥스트데일리, 2019.12.02.

④

실패할 권리

　같은 일에 종사하는 사람 8명이 모이는 회의 자리가 있었다. 3시간 회의 끝에 우리는 간단한 저녁식사 시간을 가졌고, 40대 초반의 또래였던 우리는 술잔을 기울이며 금세 친해졌다. 직장에서의 크고 작은 스트레스, 윤리적 딜레마, 앞날에 대한 고민, 자녀양육 과정 등 이런저런 공감대를 형성하며 편안히 대화를 이어 갔다. 내 옆자리에 있던 내 또래의 팀장님이 이야기를 꺼낸다.

　"저만 그런 건지는 모르겠는데, 요즘 20대 신입직원들은 참 희한해요. 아주 자잘한 거에 대해서는 굉장히 주장도 잘하고 하기 싫은 거는 싫다고 말하는데, 정작 큰 사업의 방향성과 같은 전문적인 내용에 대해서는 불만을 말하지 않더라고요. 그러다가 어느 날 갑자기 그만둔다고 해요."

　그 자리에 있던 대부분의 팀장들은 고개를 끄덕이며 이해하는 눈치였다. "대체 지금 20대는 왜 그러는 걸까요?"라며 모두 물음표를 던졌다.

　1분 정도 고민한 내가 내린 결론은, 요즘은 자녀를 적게 낳아 힘든 경로를 거치지 않고 무조건 빠르게 성공할 수 있는 지름길로 살아온 이들의 현실이 이런 상황을 만든 것이라 생각한다. 어려운 일을 스스로 해결하지 않고 늘 누군가가 해결해 주었고, 부모의 그늘 아래 늘 안전하고 성공이 보장된 길로만 안내해 주는 내비게이션의 지시를 받으며 살아왔기 때문이다. 한마디로 실패 경험의 부재가 가져온 재앙이다.

　엄마와 아이가 중국집을 갔다. 아이는 짬뽕이 뭔지 궁금해 먹어보고 싶어 한다. 엄마는 말한다.

"짬뽕은 매우니깐 안 돼. 다 먹지도 못할 거잖아. 넌 그냥 짜장면 먹어. 그게 제일 나아."

　아이는 짬뽕이 매운지 짠지 혀로 느껴 보지도 못한 채 그냥 짜장면이 제일 맛있으니 짜장면이 중국집에서는 제일 맛있는 음식이라 생각하며 자란다. 부모가 아이의 실패할 권리를 애초에 차단하는 것이다. 성공지향, 경쟁지향의 사회가 자라나는 아이들의 손목을 확 잡고 '실패'는 무조건 나쁜 길이니 가면 안 돼!라는 훈련을 시킨 탓이다. 발달장애인들은 위험에 대한 인지가 어렵기에 양육과정에서 이런 훈련강도가 더 높고 촘촘하다. 아이의 실패가 부모의 실패일 것만 같아 애초에 안정적으로 성공할 수 있는 상황을 세팅하고 코스로 만든다. 부모는 그만큼 에너지 소모가 크고 금세 지치고 만다. 아이는 아이대로 실패를 경험하지 못해 자기가 아는 그만큼밖에는 발전하지 못한다. 인간이 인간답게 살기 위해 국가에서는 법적으로 여러 권리를 보장하고 있다. 인권을 기반으로 자유권, 사회권, 참정권, 평등권, 청구권 등이 보장되어 있다. 나는 자라나는 모든 아이들에게 '실패할 권리'를 추가로 부여하고 싶다. 실패해도 문제될 게 없는 어린 나이일수록 실패를 경험해야 그것이 얼마나 빛나는 가치인지 알 수 있다고 믿기 때문이다. 발달장애인일수록 작은 실패를 경험하고 스스로 해결방법을 찾아가는 경험은 중요하다. 실패를 경험하지 않은 사람은 작은 것에도 쉽게 두려움을 느끼며 성공하지 않은 건 모두 잘못된 거라 인식한다. 작업 활동 중 어떤 훈련생은 자기가 잘하는 것만 골라서 하는가 하면, 자기가 틀려도 스스로 해 보겠다며 고집 부리는 훈련생도 있다. 부모 상담을 해 보면 관점에서 명확히 차이가 난다.

"사회 나가서 아이가 주눅 들어 사는 게 싫어요. 그냥 안정적인 길로 가게 해 주고 싶어요."
"언젠가 얘도 부모 없이 혼자 살 날이 올 텐데 그때 생각하면 좀 못해도 스스로 경험하게 하는 게 중요하다고 생각해요."

어느 관점이 맞다 틀리다 정하기는 어렵겠지만 직업재활사로서 자녀를 키우는 엄마로서 나는 후자에 손을 든다. 내가 아이를 평생 보디가드해 줄 게 아니라면, 아이가 해 달라고 요청한 게 아니라면 본인 스스로 경험하게 해 주고 싶다. 테두리 있는 밑그림에 선 밖으로 나가도록 그림 그리기, 집에서 학교 가는 길을 조금 멀리 가더라도 내 마음대로 가 보기, 마요네즈와 김칫국물을 섞어 보는 내 멋대로 요리 만들어 보기, 시험 공부 하나도 안 하고 시험 봐서 망쳐 보기. 한 번쯤 제안해 보는 것은 어떨까? 너희들은 실패해도 괜찮아. 실패하는 게 당연한 존재야! 실패는 너희가 누릴 수 있는 권리이자 선물이란다!라고 말이다.

5

관계의 최고 형태

'머리 좋은 것이 마음 좋은 것만 못하고, 마음 좋은 것이 손 좋은 것만 못하고, 손 좋은 것이 발 좋은 것만 못한 법입니다. 관찰보다는 애정이, 애정보다는 실천적 연대가, 실천적 연대보다는 입장의 동일함이 더욱 중요합니다. 입장의 동일함 그것은 관계의 최고 형태입니다.'[3]

존경하는 신영복 교수님께서 말씀하신 인간관계에 대한 메시지를 보는 순간 나는 첫 번째로 함께하는 장애인들이 떠올랐다. 난 그들과 같은 입장에 있으려 얼마나 노력했나? 같은 입장의 중요성을 인식하긴 했었나? 숱한 물음표를 던져도 되돌아오는 답은 없었다. 결혼할 때 배우자와는 서로를 보기보다, 같은 곳을 바라보라 했다. 이 또한 입장의 동일함을 위한 첫 단계라 여겨진다.

나는 내 취업 과정과 장애인의 취업 과정을 다르게 생각했고, 나

---

[3] 신영복, 《담론》, 돌베개, 1984.11.

의 자립과 장애인의 자립 준비는 차원이 다른 문제라 생각했다. 그야말로 입장의 상이함을 전제로 장애인들과 동행했다. '장애인'을 대상화하는 것에 익숙했기에 비종사자에 비해 장애인에 대한 편견이 더 강했을 수도 있다. 직업병이라면 직업병일 수도 있다. 더 솔직하게 말하면 장애인의 문제가 커야 내 역할이 빛날 수 있기에 그들의 한계를 강조했을 수도 있다. 내 직업이 장애인을 위해 존재해야 하건만, 내 직업을 위해 장애인들을 존재시킬 때도 있지 않았을까? 그렇게 난 입장의 상이함과 서열화를 통해 내 위치를 높이려 했음을 이제야 고백한다. 그리고 반성한다.

　신영복 교수님의 글을 읽고 나서야 나를 돌아보게 되었고 실천적 연대를 넘어 입장의 동일함을 고민하고 실천하려 애쓰게 되었다. 나라면 그곳에 취업할까? 그 정도 급여면 괜찮을까? 혼자서도 살 수 있을까? 프로그램 내용이 이해가 될까? 재미가 있을까? 나는 물음표 살인마가 되었다. 예전에는 장애인들에게 질문을 던졌다면 이제는 나 자신에게 질문을 던지고 또 던진다. 내게 던진 물음표가 다른 물음표로 부메랑이 되어 돌아온다면 과감하게 정리하거나 바꿔야 한다. 옳은 방법이 아닌 거다. 물음표가 느낌표로 되돌아 올 때까지 던지고 또 던져야 한다.

　그나마 입장의 동일함이 쉬울 때는 '부모상담'이다. 나도 아이 셋을 키우는 부모다 보니, 부모님들과 상담할 때 공감대 형성에 유리하다. 발달장애 자녀를 키우는 부모님들은 '장애 자녀와 비장애 자녀를 키운 경험은 다르다'고 말씀하신다. 그 말에도 공감한다. 하지만 자녀양육 경험만으로도 부모님들께는 50% 이상 동일한 입장임을 깔고 대화가 시작되기에 유리하다.

"어머니 자제분이 말 안 듣거나 힘들게 하면 말씀하세요. 저희 애들도 집에서는 엄마 말 징그럽게 안 들어서 선생님한테 잔소리 좀 많이 해 달라고 부탁하고 그래요. 자제분도 복지관에서 하는 말은 잘 따르더라구요."

부모님들께 엄마로서의 내 경험을 전달하면 대화가 좀 더 말랑말랑 부드럽게 전달된다. 어떨 땐 며느리로서의 고충을 나누기도, 워킹 맘으로서의 스트레스를 공유하기도 한다. 취업을 준비하는 구직 장애인들에게는 나의 구직경험을 들려주고, 취업한 장애인들에게는 직장인으로서 나의 고충도 털어놓기도 한다.

"남의 돈 버는 게 쉬운 게 아니죠. 세현 씨도 맨날 매니저님한테 혼나는 것처럼 저도 상사한테 엄청 혼나고 울고 그래요. 직장생활하는 거 다 똑같아요."

직장생활 스트레스를 호소하는 장애근로인들 앞에 나는 내 넋두리를 늘어놓는다. 그들 앞에서 센 척, 잘하는 척, 완벽한 척하며 입장의 상이함을 앞세웠던 내가 이제는 나를 낮추고 민낯 보여 주기를 서슴지 않는다. 내가 나를 낮춰야 그들도 자신의 고민과 어려움을 기꺼이 내어 준다.

예전에는 내가 완벽한 모습을 보여야 장애인분들이 나를 신뢰할 거라 생각했다. 현실은 그렇지 않았다. 완벽한 내 모습은 거리감만 줄 뿐 아무 도움도 되지 않았다. 입장의 동일함은 '나도 당신처럼 힘들게 살아요'라는 그 말이면 충분했다.

한겨울 추위에 오들오들 떠는 사람이 있을 때. 과거의 나라면 내 옷을 벗어 주며 "내가 옷 빌려줬으니까 고마워해"라고 말했을 테다. 지금의 나는? 나도 똑같이 입고 있는 옷을 벗어 그들처럼 추위를 고스란히 느끼고 싶다. 벗어놓은 옷은 팔 한쪽씩 끼워 넣고 함께 춥고 같이 따뜻해지는 경험을 누리고 싶다.

4월 20일

4월 하면 떠오르는 숱한 날들이 있다. 가장 대중적인 건 '식목일', 가슴 아픈 '세월호 참사', 학생들의 '중간고사'. 거기에 하나 더 보태 특별한 날이 또 있으니, 4월 20일 장애인의 날이다.

각 지자체에서는 장애인의 날 기념행사를 준비하고, 장애를 이겨낸 국민들을 칭찬한다며 상을 수여하기도 한다. 텔레비전에서는 장애인들의 눈물 나는 이야기와 미담을 퍼다 나르며 오늘 하루 장애인들을 생각하는 마음을 갖자며 독려한다. 마땅히 장애인이 주인공이어야 하는 '장애인의 날' 그들은 없다.

각 시·도에서는 지역유지와 국회의원, 고위급 간부들을 모시고 장애인의 날 기념식과 행사를 개최하곤 한다. 나 또한 기관과 시설 종사자다 보니 매년 4월 20일이 있는 주간은 행사 준비로 분주하다. 행사 이벤트 준비, 참여자 모집, 내빈 안내와 명단 취합, 축하공연 등으로 행사가 구성되다 보니 규모가 작지 않다. 행사 규모마다 차이는 있겠지만 대략 하루 행사에 500만 원부터 1억 이상의 예산이

투입된다. 지자체 행사다 보니 이 비용은 모두 주민의 세금이다.

행사 현장을 보고 있자면 헛웃음이 나온다. 행사장의 맨 앞자리는 내빈석으로 소위 높은 분들이 앉는 자리로 지정된다. 장애인들의 자리는 뒤에 배치된다. 종종 행사에서 앞자리에 겉으로 표시 나는 장애인들이 앉게 해 달라는 지시가 내려오기도 한다. 휠체어 장애인처럼 사진을 찍었을 때 표시 나는 분이었으면 좋겠다는 주문을 받을 때는 화가 머리 꼭대기까지 치밀었다. 간혹 글씨를 모르는 발달장애인들은 '내빈석'이라 써 있는 글자를 모르니 앞으로 나가 내빈석에 앉아 있는 경우도 있다. 이런 경우 조용히 불려가 저 사람 뒤로 끌고 오라는 지시를 받기도 했었다. 지자체의 지시이니 어쩔 수 없이 따르지만 이럴 때마다 윤리적 딜레마에 빠진다. 장애인의 날 그들은 주인공이 아니었다. 상황이 반복될수록 이 나라의 각종 기념일은 '높으신 분들을 빛내 주기 위한 날'로 인식됐다.

장애인의 날 방송에 보여지는 장애인들의 모습과 멘트는 더 충격적이다. '장애 극복'이란 말을 대단한 훈장인 것처럼 표현한다. 여전히 장애는 잘못된 것, 실패한 것, 이겨 내지 않으면 안 되는 것으로 인식함을 알 수 있는 표현이 바로 '장애 극복'이란 말이다. 장애의 판정 기준은 의료적 기준에 따르지만 장애로 인한 생활의 불편함은 '사회적 장애'에 기인한다. 그들이 신체적, 정신적으로 불편함이 있어서가 아닌 우리 사회가 그들이 불편하게끔, 차별받게끔 환경을 조성했기에 '장애인'이 구분된다는 논리이다. 장애인의 날은 '장애 극복'이 아닌 그들을 불편하게 만든 '환경 개선'에 포커스가 맞춰져야 한다. 장애는 이겨 내야 할 대상이 아니다. 그들의 고유성으로 바라

볼 수 있도록 우리의 눈을 바꾸는 게 먼저다.

 2019년부터 직장 내 의무교육으로 지정된 교육 중 '장애인식 개선 교육'이 있다. 직장 내 성희롱 예방교육처럼 '장애인식 개선 교육'도 의무적으로 들어야 한다. 이 말에도 오류가 있음을 인식하지 못하는 사람들이 많다. 장애인식 '개선'이란 말은 현재 부정적으로 바라보는 것을 긍정적으로 전환하자는 의미이다. 장애인에 대한 인식이 부정적이라는 전제하에 교육명이 정해졌다. 과연 우리나라의 모든 국민들이 장애인에 대한 인식이 나쁘다고 단정 지을 수 있을까? 교육명이라기에는 객관성이 결여되어 있다. 장애인식 개선 교육의 필요성은 분명 있지만 교육 제목 자체가 편견을 준다. 장애인에 대해 딱히 관심 없던 사람들도 부정적 인식을 깔게 만든다. 나는 장애인식 개선 교육을 '장애인식 전환 교육', '장애 이해 교육'으로 전환하기를 원한다.

 지금의 문제는 장애인에 대한 부정적 인식이 아닌 인식 자체가 없는 것이 맹점이다. 우리나라의 장애인구 비율은 10%대이다. 10명 중 1명은 장애인이라는 뜻이다. 이 이야기를 하면 대부분 반응은 "생각보다 많네요?"다. 우리의 체감보다 장애인구가 많은 이유는 편의시설 부재로 외출이 어려운 장애인들이 많기 때문이다. 이들은 나오고 싶어도 나올 수가 없다.

 과거 장애인취업알선 기관에서 근무할 때의 일이다. 휠체어를 이용하는 지체장애인 세 분을 모시고 지하철로 이동하는 상황이었다. 콜센터 교육생들과 사업체 현장견학을 가는 길이 의미 있게 대중교통을 이용하자며 지하철을 타기로 했다. 환승 없이 지하철로 세 정거장만 이동하면 되는 짧은 거리였다. 평소 계단을 세 번 내려가 플랫폼으로 도달하는 역이었는데 휠체어가 이동해야 하니 엘리베이터가 있는 출구를 찾아야 했다. 엘리베이터가 있는 출구는 평소 이용하는 출구와 완전 반대편. 횡단보도를 두 번 건너야 했다. 두 번 건너 엘리베이터를 타고 내려가니 다시 엘리베이터를 찾으러 한참을 이동해야 했다. 그렇게 엘리베이터 찾기 놀이 하기를 4번. 지하철 2호선 세 정거장 이동하는 데 걸린 시간은 무려 45분이었다. 과거에 비해 편의시설이 많이 좋아지고 엘리베이터가 확충되었다지만 여전히 동선이 복잡하고 어렵다.

출퇴근 시간에 지하철을 타는 건 엄두도 못 낸다. 들어갈 자리도 없거니와 간신히 타면 눈총 받기 십상이다. 휠체어 장애인을 위한 저상버스가 있긴 하나 대중들에게 묻고 싶다. 실제 휠체어 장애인이 저상버스의 리프트를 타고 올라가는 걸 몇 번이나 보셨는지. 서울 시민이자 대중교통 출퇴근자인 나는 단 한 번도 본 적이 없다. 그만큼 불편하다는 것이다. 시설의 불편함과 시선의 불편함이 그들이 이용할 수 없게 만들었다.

장애인의 날은 장애인을 바라보지 말고 우리 주변을 살펴보자. 시각, 청각, 지체, 발달장애인이 편한 환경은 비장애인에게 더욱 편한 환경이다. 글을 모르는 어린이, 한글이 익숙지 않은 외국인, 작은 글씨와 계단이 불편한 어르신, 무거운 물건을 든 동네 아저씨도 모두 편해질 수 있다.

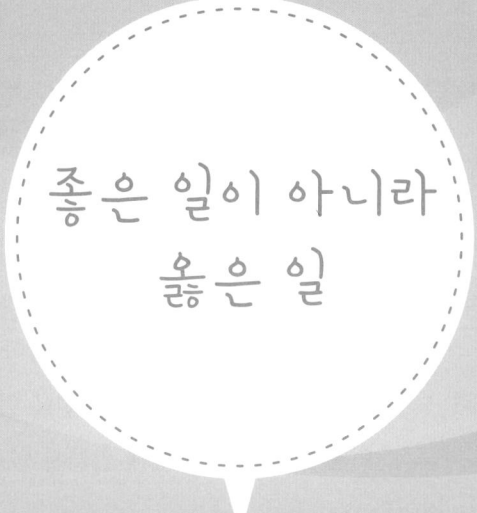

좋은 일이 아니라
옳은 일

①

니모를 찾아서

당신의 니모는 어디 있나요?

디즈니 흥행작 '니모를 찾아서'의 흰동가리가 아니다. Needs(필요)와 Motivation(동기)에 대한 말이다. '물고기를 잡아 주지 말고, 잡는 법을 알려 주어야 한다'는 말이 있다. 잡는 법을 알려 주기 전에 왜 잡아야 하는지, 어떻게 하면 잡고 싶게 만들지 탐색하는 과정이 니모를 찾는 것이다.

자립은 100m 달리기가 아니다. 멀고 먼 마라톤이다. 42,195km로 끝나면 좋으련만 42,195에 0을 수만 개 붙여도 모자란 장거리 마라톤이다. 장애와 비장애의 문제가 아닌 우리 모두에게 니모는 필요하다. 그들의 가슴이 두근거리게 만들 수 있는 니모를 찾아 받아들일 수 있도록 내어 주어야 한다. 개별적으로 자립의 필요와 동기가 다를 수밖에 없지만 실무 현장의 한계는 어쩔 수 없다. 담당자당 조력해야 하는 장애인들이 많다 보니 1:1 맞춤형 니모 찾기가 녹록지 않다. 장애 수준별로, 나이별로, 구직욕구별로 할 수 있는 여러 잣대를 동원하여 소그룹을 만들어 그들의 니모 찾기 프로젝트가 진행된다.

"왜 어른이 되면 직업을 가져야 하죠?"
"전 나이 들어서도 부모님이랑 같이 살고 싶은데 꼭 자립해야 되요?"

자립이 두렵다는 그들에게 강요할 수는 없다. 나이가 서른이나 됐는데 혼자 살아야지!라며 멱살 잡고 끌고 나가야 할 이유도 없다. 장애를 떠나 평생을 부모님과 함께 사는 사람도 세상에는 많으니까. 그들이 다양한 경험을 한 뒤 부모와 함께 사는 길을 선택했다면 존중하면 그만이다. 이들은 '다양한 경험' 자체를 차단당했기에 이 경험을 위한 니모가 필요하다. 성공적인 취업을 위한 니모가 아닌, 취업경험을 위한 니모가 이들에게 먼저 요구되는 단계다.

고등학교를 졸업하면 스스로 아르바이트해서 용돈 버는 20대 청년들이 많다. 어릴 때부터 '내가 내 손으로 돈 벌어서 오토바이 한 대 사야지' 같은 목표와 동기가 있기에 고생을 감내하며 아르바이트를 한다. 장애인들은 어릴 적부터 강력한 보호 아래 이처럼 물 밖으로 나가기를 차단당하는 경우가 많다. 바깥은 위험해서, 나쁜 사람들이 사기 칠 수 있어서, 무시할 수 있어서 이유도 제각각이다. 이런 부모님들을 만나면 날카롭고 차갑게 말한다.

"부모님이 자제분보다 오래 사실 수 있고 평생 용돈 대주실 수 있으면 그렇게 하셔도 돼요."

내가 부모 되기 전에는 이런 말을 감히 꺼내지도 못했겠지만 같은 부모가 되니 당차게 내뱉는다. 발달장애인 자립교육과 전환교육의 첫 단계는 '왜 직업을 가져야 하는가'로 시작한다. 내 나이대로 대접받고 싶으면 직업이 필요하다 말하고, 능력이 된다면 당당히 세금 내는 시민이 되어 보자 권유한다. 본인이 번 돈으로 원하는 물건을 살 수 있단 말로, 고생하신 부모님께 맛있는 거 한번 사 드려 보자는 말로 동기를 일으킨다. BTS의 광팬인 참여자에게는 돈 벌어서 굿즈를 사고 콘서트에 갈 수 있다 말하고, 쌍꺼풀이 없어 고민인 참여자에게는 돈 모아서 성형수술도 할 수 있다고 니모를 제공한다.

'멋진 자립', '어른다움'이라는 공통의 니모도 있지만, 마음을 움직이는 건 개인별 니모다. 니모를 잘 찾느냐 못 찾느냐의 관건은 참여자에 대한 세심한 관찰과 공감에서 갈린다. '돈이 있으면 좋잖아요'라는 회색의 말보다 '돈이 있으면 당신이 좋아하는 스타벅스 커피 매일 사 먹을 수 있어요'라는 선명한 커피색 말이 더 와닿게 마련이다. 특히나 인지능력에 제한이 있는 발달장애인일수록 어정쩡한 10개의 메시지 대신, 1개의 또렷한 메시지를 각인시켜 혼란을 줄여야 한다.

> **전환교육**
>
> 청소년기에서 성인기로 전환되는 시기의 장애특성에 맞게 성인기를 준비할 수 있도록 미리 진행하는 교육. 중·고등학교에서 진행하는 진로직업 교육과 유사한 성격으로 진행된다.

2

사람들은 나만 보면 좋은 일 한대

얼마 전 인터넷에 떠도는 킬링 타임용 글을 한 편 보았다. 대학 전공별로 듣기 싫은 말들이 주제였는데 키득키득 웃어 가며 공감이 절로 되었다.

컴퓨터공학과: 컴퓨터 고장 났다고 나 부르지 마. 나도 몰라.
심리학과: 네 여자 친구 마음을 내가 어떻게 아니?
사진학과: 나도 단체 사진에 찍히고 싶다고요.
정치외교학과: 북한이랑 어떻게 될지 그만 좀 물어봐.
관광학과: 내가 거기를 안 가 봤는데 어찌 아니.
통계학과: 나도 로또 당첨번호 몰라.
사회복지학과: 나 착한 사람 아니다.

우스갯소리로 주고받는 이야기지만 우리가 얼마나 편견에 매여 살고 있는지 정확히 보여 주는 메시지다. 나는 대학 시절 '직업재활학'을 전공으로 삼았는데 당시 전국에 있는 4년제 대학 중 '재활학과'가 있는 곳은 4개뿐이었다. 나조차 2학년 전공 선택 전까지 이런 학과가 있는 줄도 모르고 살았으니 사람들이 이 전공을 정확히 알고 있을 리가 없다. 미팅, 소개팅에 나가면 으레 첫 번째 질문은 전공에 대한 내용이었다.

"직업재활학과가 뭐 하는 데예요?"
"재활용 처리 관련 일하는 거예요?"
"물리치료 같은 거 배우는 학과죠?"

그때 처음 알았다. '재활'이라는 단어의 스펙트럼이 이렇게나 넓다는 걸.

"장애인들이 직업을 가질 수 있도록 훈련하고 고용과정을 지원하는 과정을 배우는 전공이에요."

최대한 상식선에서 이해하기 쉽도록 설명해 준다. 내게는 직업재활에 대해 제대로 알려 줄 책임이 있다고 생각할 만큼 난 내 전공에 대한 애착이 강했다. 되돌아오는 답의 95%는 대략 이러하다.

"정말 좋은 일 하시네요."

그렇게 장애인 직업재활은 '좋은 일' 한마디로 퉁치는 일이 되고 만다. 직업이 아닌 착한 마음 하나면 할 수 있는 활동, 행동, 실천으로 내동댕이쳐지는 순간을 나는 학생 때부터 경험해야만 했다.

4학년 2학기 시절 나는 서울에 있는 장애인 보호작업장에서 첫 직장생활을 시작했다. 발달장애가 있는 근로인 30여 명이 있는 시설에서 보호자들과 첫 인사를 나누던 날.

"선생님. 이렇게 좋은 일 해 주셔서 감사해요."

자원봉사자 교육을 할 때도 교육이 다 끝나면 에필로그처럼 따라 붙는 말.

"좋은 일 하느라 애 많이 쓰시네요."

나는 내가 남들보다 착한 사람이라 생각해 본 적이 없고 내 일이 좋은 일이라 여겨 본 적도 없다. 대학 4년 동안 1,000시간 넘게 자원봉사 활동을 했어도 이 일은 착한 일, 좋은 일이라 생각해 보지 않았었다. 그런데 왜 사람들은 이 일이 좋은 일이라고 인식할까? 어디서부터 인식이 잘못된 걸까.

나는 성장기에 '착한 어린이' 이데올로기를 강요받은 세대이다. 밤 9시가 되면 눈 감고 자야 하는 착한 어린이. 열이 나고 배가 아파도 등교해서 개근상을 타야 하는 착한 어린이. 선생님이 때려도 참고 반성해야 하는 착한 어린이. '착한'이라는 단어 하나면 모든 게 통하는 성장기를 거쳤다. 자기 의견을 강력하게 말하면 버릇없고 되바라진 아이, 머리에 무스 바르면 날라리로 불리며 그냥 '나쁜' 사람으로 평가받던 시절이었다. 사회적 상황 표현과 해석에 있어 좋은 것 vs 나쁜 것이라는 흑백논리가 가랑비 옷 젖듯 자연스레 자리 잡을 수밖에 없었다. 이런 배경에 나와 유사한 성장기를 겪은 이들과 대화를 나누니 프레임이 크게 벗어나지 못할 수밖에. 그들이 내 직업과 전공에 대해 잘 알지 못하듯 나 또한 타인의 일에 대해 잘못 알고 있는 사례가 많았겠다는 생각에 반성하는 시간을 갖곤 한다.

대중들의 인식에 사회적 약자와 관련된 직업은 여전히 '착한 마음'과 결합되어 있다. 돌봄은 전문성보다 '착한' 누군가에 의해 지탱해 왔음을 보여 주는 사회적 바로미터이기도 하다. 국가가 정책적으로 탄탄하게 바닥을 다지고 전문가들이 벽돌을 쌓아 올려야 하는 일을 '착한 사람 이데올로기'로 밀어붙이면서 근근이 버텨 왔던 것이다. 사회복지, 장애인 복지 일이 '좋은 일'로 폄하된 과정에는 결국 정치적 이데올로기와 국가의 역할 부재가 큰 몫을 했다고 보는 이유이다. 장애인들이 자신의 권리를 주장하는 목소리를 내기 시작하면서 각종 복지 패러다임과 정책이 쏟아져 나오게 된 요즘. 이제는 착한 마음만으로는 약자들의 삶을 보장해 주기 어려운 시스템이다. 얽히고설킨 복잡한 정책을 이해하고, 제안할 수 있는 전문성이 중요해지는 이유이다.

여기 50대 발달장애인 어머니와 25세 발달장애인 아들이 사는 모자 가정이 있다. 30여 년 전이라면 동네 이웃들이 반찬도 나눠 주고, 소소한 부업거리를 함께하며 살 수 있었다. 명절이면 전 한 접시 나눠 주고, 형광등이 나가면 갈아 달라고 옆집에 요청하며 사는 것이 가능했다. 그때는 '착한 사람' 하나로 해결이 가능했다. 30년이 지난 지금 착한 이웃의 도움으로 해결이 가능할까? 주소지에 있는 주민센터를 통해 사례관리 담당자와 상담을 진행하고 가까운 장애인복지관으로 사례정보가 공유된다. 필요한 각종 서비스와 바우처가 안내되며 이들이 원하는 서비스를 선택할 수 있도록 도와주는 전담인력도 배치된다. 활동지원 서비스, 문화 바우처, 겨울철 난방비 지원, 여름 방충망 개보수, 명절 선물, 직업지원부터 자조모임 조직까지 이제는 착한 마음보다 명확한 방향성과 전문성이 복지의 중심축에 있다.

물론 우리 주변엔 생각보다 좋은 이웃이 많이 있다. 그들의 착한 마음이 지탱해 주는 힘은 여전히 필요한 것도 사실이다. 하지만, 장애인 복지나 직업재활은 '착한 마음' 하나로 할 수 있는 일이 아니다. 돋보기로 사회 구석구석을 들여다보며 사각지대를 발굴하고, 각종 정책과 정보를 공유하며 부족한 부분은 신속 정확하게 채울 수 있는 통찰력과 전문성을 요하는 엄연한 '직업'이다. 만약 장애인 직업재활이 착한 사람이 하는 좋은 일이었다면 난 진작 낙제점수다. 장애인들을 취업시키기 위해 모진 말을 쏟아내고, 1분만 지각해도 취업할 자격이 없다며 악독하게 군다. 당신 스스로 생활비 버는 삶을 살라며 채찍질하는 게 직업재활사인 내 일상이다. 마음으론 부드럽게 해주고 싶지만 겉으론 악역을 자처해야 하는 일. 겉바속촉이 직업으로 표현된다면 내가 하는 일이 제격이다. 이런 내가 착한 사람이라 할 수 있을까? 나는 장애인들에게 좋은 사람으로 남기보다 옳은 길로 가도록 길을 터 주는 직업인일 뿐이다.

더 이상 우리를 좋은 일 하는 사람으로 바라보지 마시라. 옳은 일 하는 사람으로 남아 달라고 조용히 말해 준다면 흔들림 없이 걸어갈 이들이 현장에는 무척이나 많다.

③

어쩌다, 불효자

"너 그거 해서 어떻게 먹고살라 그래?"

 내 능력이 허락한다면 이 일을 하는 동료들에게 설문 한번 돌려보고 싶다. 부모님이나 친척들한테 이런 질문 몇 번이나 들어봤냐고. 굳이 통계라는 딱딱한 절차를 들이대지 않아도 우리는 안다. 귀에 딱지가 앉다 못해 상대의 눈빛만 봐도 이 질문이 곧 올 거란 예측도 가능한 경지이니.

 올해로 장애인 복지 현장에 발을 담근 지 20년 차. 이 일이 뭔지도 모르는 채 전공 삼아 옆구리에 책을 끼고 공부한 지 4년 차. 나는 장애인 복지로 글밥과 쌀밥 먹은 지 24년 된 장애인 직업재활사다. '장애인'이 들어가는 직업이니 장애인을 돌보거나 치료하는 일이겠지, 라고 대중들이 생각하는 직업. 내 직업 뒤에 자석처럼 따라붙는 문장이 "와~ 정말 좋은 일 하시네요"이니 부모님들의 "좋은 일, 봉사하는 일에 불과한 걸 왜 직업으로 해?"라는 반응이 너무한 것만은 아니긴 하다.

　나와 함께 현장에 근무하는 사람들의 이야기를 들어보면 두 번가량 부모님과 마찰을 경험하는데, 대학 전공 선택 시기와 졸업 후 취업 준비 시즌이다. 그나마 사회복지학과는 100개가 넘는 대학에 있으니 알려져라도 있는 편. 직업재활학과, 재활학과를 전공으로 선택한다고 하면 뭐 하는 전공인데? 그 전공을 왜 하는데? 그거 전공해서 나중에 어디 취업할 건데? 질문이 두루마리 휴지처럼 펼쳐진다. 어찌저찌 학점과 향후 직업전망 등을 근거로 설득을 완료하는 과정에서 1차 불효자 시기를 경험한다.

　취업을 앞둔 시기가 되면 두 번째 장벽이 나타난다.

"사회복지 공무원 채용문이 확대된다더라. 그래도 공무원이 최고다."
"복지관 가서 고생하지 말고 공부 좀 더 해서 공무원 시험이나 봐."

　우리 부모님들은 어디 학원에서 멘트를 배워 오시나. 학교 친구들 이야기를 들어보면 반응도 코멘트도 한결같기만 하다. 그렇게 우리는 2차 불효자 시기를 맞이한다.

　이 일도 직장생활인지라 종종 상사와의 마찰을 겪거나 피로감이 몰려올 때면 '그때 아빠 말 들을걸'이라는 생각이 불쑥 찾아오기는 한다. 왜 나는 불효자가 되면서까지 이 일을 직업으로 선택했을까 내게 물음표가 던져지는 날이 있다. 그러면 내 안의 느낌표가 올라와 받아친다.

"재미있잖아. 나로 인해 누군가의 삶이 윤택해지고 그들로 인해 내 일이 월급 이상의 성취감을 가져다주는 게."

내게 직업재활사는 '직업'이 아니다. 내게 이 일은 관계와 옳고 그름의 문제다. 소소한 이야기를 만들어 가고 삶을 스토리텔링하는 과정 그 자체다. 내가 비록 부모님 의사를 거역한 불효자가 되었을지언정 누군가의 가려운 부분을 쏙쏙 긁어 주는 효자손이 되었노라 이제는 자신 있게 말한다.

4

천사 같은 소리

"천사 같은 장애인들이 행복한 삶을 영위할 수 있도록 최선을 다 하겠습니다. 짝짝짝."

선거철만 되면 대통령이든, 지자체 의원이든, 국회의원이든 저마다 장애인 관련 공약을 내건다. 지금은 코로나 때문에 발이 묶였지만 과거 선거철만 되면 장애인들을 모아 놓고 각종 공약발표, 선거유세를 펼치곤 했다. 시작 멘트와 클로징 멘트는 늘 비슷하다. '천사 같은 장애인 어쩌고 저쩌고'. 천.사.같.은, 저 말에서 이미 게임은 끝난다. 귀 닫고 더는 듣고 싶지 않다. 장애인이 왜 천사냐고 되묻고 싶지만 거친 말을 삼키느라 내 목구멍이 다 아프다.

"자기 뜻대로 안 되면 물건 던지고 타해하는데 천사야?"
"취업해서 일 못 하겠다고 핸드폰 끄고 잠수 타는데 천사야?"
"말 못 하는 친구들 골라 가며 꼬집는데 천사야?"

그들에게 묻고 싶은 말이 한 자루 가득이다. 장애인을 알고 하는 말인지 궁금하다. 발달장애인들은 행동이 어려 보인다는 이유만으로 순수한 영혼, 천사 프레임이 씌인다. 천사라는 말은 장애인 당사자의 자기주장, 권한 강화와 요구를 애초에 차단하는 장치다. 손발 묶고 꼼짝 마! 하는 사탕발림이다.

종사자에 대한 인식도 마찬가지다. 천사 같다. 착하다. 좋은 일 한다는 말은 우리가 그렇게 보인다는 게 아니라 '그렇게 하도록 해'라는 강요다. 천사 프레임이 위험한 이유는 그들이 특정 존재 그 이상의 인격체로 볼 수 없도록 시야를 막는 데에 있다. 발달장애인도 우리와 같은 사람이다. 자신의 이름이 있고, 저마다의 행동특성과 선호가 있다. 그들도 비장애인들처럼 화날 때 화내고, 뜻대로 안 될 때는 성질도 부렸다가 죄송하다 사과하는 똑같은 존재다.

'지랄 총량의 법칙'이라는 말이 있다. 사람이 사는 동안 난리법석을 떨며 분별없이 하는 행동의 총량이 정해져 있다는 뜻이다. 대개 사춘기, 갱년기처럼 신체적 변화가 큰 시기에 예민한 행동을 하는데 이 시기에 그 총량을 써야 한다는 위로의 의미가 담겨 있다. 장애인들도 마찬가지로 지랄 총량의 법칙이 있다. 유난히 사고 치는 시기, 잠 못 자는 시기, 집을 나가 무작정 돌아다니는 시기, 성욕이 불타올라 주체 못 하는 시기 등 비장애인과 동일하게 지랄 총량을 갖고 살아간다. 날개를 감춘 천사라 사고 치지 않고, 싫은 소리 한마디 할 줄 모르는 존재가 아니다. 천사 같은 장애인과 안쓰러운 부모, 그들을 돌보는 착한 사회복지사. 높으신 분들 정책 공약집이나 행사 기념사에나 존재하는 허구의 인물들이다.

그들의 말에 속아 왜 발달장애인들이 착하지 않냐, 왜 장애 부모가 저리 활발하냐, 왜 사회복지사가 돈을 좋아하냐 같은 말은 하지 말자. 이 세상에 천사는 없듯 천사 같은 사람은 존재하지 않는다.

⑤

참을 수 없는 펜의 가벼움

　IT 기술이 나날이 발전하면서 쉽게 정보를 얻을 수 있는 세상이 되었다. 지구 반대편의 상황을 실시간으로 공유할 수 있는 세상이지만 아직까지 1차적 정보의 원천이 언론임은 부정할 수 없다. 종이신문이나 TV 뉴스를 보지 않더라도 유튜브, 페이스북, 포털 서비스에서 가장 먼저 노출되는 것이 언론사 기사가 아니던가.

　과거보다 덜하지만 여전히 언론의 힘은 막강하다. 독자들은 점점 진화하고 있기에 언론의 이야기를 무작정 믿기보다 2차, 3차 탐색을 통해 비판하고 걸러 낼 수 있는 능력이 생겨났다. 단, 보편적인 주제에 한해서만. 예를 들어, 주식이나 부동산 관련 기사가 나온 경우 댓글에 이를 비판하고 반박하는 내용들이 달린다. 실제 본인의 경험을 기반으로 현실은 이렇지 않은데 기자들이 조작하는 거라는 내용이다. 반면 보편적인 관심사가 아닌 경우 대중들은 언론에 노출된 내용을 그대로 믿거나 자극적인 기사에 웃거나 화를 내며 스트레스 해소 도구로 활용하기도 한다.

내 경우, 직업 특성상 사건사고나 언론보도에 '장애' 관련 내용이 나오면 눈길이 갈 수밖에 없다. 대부분의 기사는 장애인에 대한 정책의 한계를 드러내고 호소하는 내용, 장애인 범죄에 대한 내용이 주를 이룬다. 장애인 관련 정책 요구 내용은 나 또한 찬성과 반대가 엇갈릴 때가 있다. 입장에 따른 해석이 다를 수 있기에 이 글에서 다루지는 않겠다. 현장 실무자로서 가장 불편한 언론보도는 '정신질환자(정신장애인 포함)의 범죄' 관련 기사다. '정신질환자의 소행으로 밝혀져…'라는 기사 헤드라인은 '두 사람, 만난 지 3개월 째 알아가는 단계'로 시작하는 탑 스타 열애설 기사만큼 쉽게 볼 수 있고 눈에 확 들어온다. 독자의 클릭을 유도해야 하는 언론사 기자의 직업 열정을 이해 못 하는 바는 아니다. 문제는 그들의 클릭 유도 열정이 누군가의 삶을 망칠 수도 있음을 간과했다는 점이다. 장난으로 던진 돌에 개구리가 맞아 죽는 것처럼.

정신장애의 대부분은 '조현병'에 해당한다. 환청, 환시에 시달리며 이로 인해 인지, 감정조절에 어려움을 겪는 장애로 보통 20세 전후에 증상이 나타난다. 약물치료가 필요하며 본인 스스로 증상관리가 잘될 경우 일상생활과 직업생활이 가능하다. 통계에 따르면 우리나라 국민의 조현병 발병비율은 1%에 해당된다고 한다. 국민 100명 중 1명은 조현병으로 인한 정신장애인 것이다. 체감하지 못할 뿐 우리 주변에 조현병을 갖고 있는 사람이 많다는 뜻이다.

그렇다면 이들 대부분이 범죄자인가? 국가통계포털에 등록된 자료에 따르면 2019년 기준 전체 범죄건수는 1,585,638명이며 이 중 정신장애인의 범죄 건수는 7,736명으로 0.49%로 나타났다. 전체 범죄비율을 따져 보아도 객관적으로 비율이 높다 말하기 어렵다. 세상을 떠들썩하게 만든 유영철, 정남규 같은 연쇄살인마나 숭례문 방화, 대구 지하철 화재사건 용의자 또한 사건 초기 언론에 정신질환이 있다고 알려졌지만 실제와는 다른 것으로 판명되었다. 이들은 정신장애가 아닌 반사회적 인격장애에 가깝다. 흔히 말하는 사이코패스, 소시오패스다. 조현병과는 전혀 다른 차원의 문제다. 타인에 대한 공감능력이 현저히 부족하고 세상에 대한 불만을 표현할 적절한 방법을 찾지 못했기에 극단적인 방식으로 표출한 것으로 보인다.

대중들은 '정신질환자의 소행으로 밝혀져'라는 기사 헤드라인을 보면 어떤 생각이 들까? 우선 안심이 된다. '아. 이제 정신장애 문제를 해결하면 흉악범죄는 줄어들겠네'라는 메커니즘이 작동하며 그들과 거리를 두면 된다는 인식이 형성된다. 이 기사가 진실인지 아닌지는 중요하지 않다. 나와 내 가족은 정신장애가 아니니 내 문제가 아닌 '남의 문제'로 전환되기 때문이다.

장애인 직업지원 현장에서 그들을 취업시키기가 쉽지 않음은 매한가지이지만 취업이 가장 어려운 장애유형이 바로 '정신장애인'이다. 우울증과 조증이 수시로 오가고 약물후유증으로 쉽게 늘어지거나 졸음이 쏟아지는 어려움도 있지만 가장 큰 장벽은 구인업체 측의 거부다. 언론에 노출되는 기사마다 정신질환자 범죄 이야기뿐이니 두려움이 생기는 것도 충분히 이해된다. 때문에 정신장애인들은 대부분 일반 사업체 취업보다는 재택근무를 하거나 정신장애인들이 함께 일하는 '직업재활시설'에서 근무한다. 그들이 원해서가 아닌 그렇게 하지 않으면 안 되는 상황이기에 그들만의 마이너리그를 만들어야 했다. 직업재활시설은 20~40명 정도의 장애가 있는 근로인들로 수익을 창출해야 하기에 수익이 낮을 수밖에 없다. 자연스럽게 근로인들이 가져갈 수 있는 급여도 적은 편이다. 월 10만 원부터 190만 원(최저시급 8시간 적용)까지 급여의 범위는 매우 넓다. 최저시급 이상 받는 경우는 50%에 미치지 않는 것이 현실이다.

정신장애인들은 평생 약물복용을 해야 하기에 약제비용 부담이 만만치 않다. 정기적으로 병원상담과 치료를 병행하기도 한다. 기초생활수급 혜택을 받으면 치료비용의 부담을 덜 수 있어 다행이지만, 급여수익이 생기면 수급권이 박탈되기에 직업을 포기하는 경우도 많다. 직업생활로 생기는 수익보다 약값이 더 드니 직업보다는 의료비 혜택을 선택하는 것이다. 자연스럽게 집에 갇힌 삶을 선택하게 되는 이유 중의 하나다.

20년 전까지만 해도 '장애'는 의료적 차원으로 바라보았다. 의학적으로 특정 기능이 현저하게 떨어져 회복이 어려우면 그 기능 명을 덧붙여 장애 명을 판정하는 방식이었다. 현재도 법적으로 장애등록은 의사에 의해 진행되며 의학적 기준에 근거한다. 하지만 현장에서는 의료적 장애보다는 '사회적 장애'로 바라보는 시선이 확산되고 있다. 이들이 기능적 어려움이 문제가 아닌 사회에서 이들이 장애가 될 수밖에 없도록 만든 구조가 문제라는 관점이다.

의료적 장애 관점은 당사자들이 장애를 극복하여 기능을 최대한으로 끌어올리는 데 중점을 둔다면, 사회적 장애 관점은 장애인들의 장애가 드러나지 않는 환경을 구축하는 데 중점을 둔다. '장애인이라 차별받는 것이 아닌, 차별받는 환경으로 인해 장애인이 되었다'

는 논리에 가깝다. A라는 발달장애인이 취업을 준비하는 상황을 가정해 보자. 의료적 관점에서는 구직 장애인의 능력을 끌어올리기 위해 언어치료와 인지치료를 하고 작업 활동을 반복적으로 시킨다. 사회적 관점에서는 발달장애인이 직업생활을 할 수 있도록 직무를 조정하고, 그들이 이해할 수 있는 쉬운 언어로 업무 매뉴얼을 만들어 지원한다.

 이 사회적 관점에 '언론'이 주는 영향력은 매우 크다. 한 편의 기사가 전국, 전 세계로 퍼져나가는 파급력이 있기 때문이다. '한 기업, 정신장애인 ○○명 채용'과 '정신질환자 소행으로 밝혀져'가 주는 파급력은 자석의 N극과 S극처럼 극단으로 나뉜다. 부디 앞의 헤드라인인 기사가 많아져 정신장애인에 대한 사회적 인식이 전환되는 날이 오기를. 깨어 있는 기자님이 나타나기를 손꼽아 기다려 본다.

⑥ 엑스트라 5번 배우

　수많은 배우들이 등장하는 영화. 모든 배우들이 주연이면 좋겠지만 현실은 그렇지 못하다. 주연, 조연, 엑스트라라는 위계질서(?)가 있어야 극의 몰입과 흥미를 유발할 수 있기 때문이다.
　우리는 모두 내 삶의 주인공이다. 내게 가까운 사람은 주연, 얼굴만 아는 데면데면한 사이는 엑스트라로 존재한다. 국가적으로 봤을 때에도 나라를 이끄는 주요 인사, 유명인들은 말 한마디가 나라를 흔드는 영향력을 발휘하는 주인공이지만, 나 같은 소시민들은 아등바등해야 엑스트라 신세다. 발달장애인들은 사회적 이슈가 맞물리면 조연급이 될 때도 있지만 대부분 엑스트라 위치를 면하기 어렵다. 엑스트라 중에서도 표시도 안 나는 5번 정도 될까 말까. 말할 기회조차 주어지지 않고 카메라에 보여도 그만 안 보여도 그만인 역할로 우리 사회에 존재한다.
　대중들은 엑스트라에 크게 관심이 없다. 그들이 연기를 잘하든 못하든 중요하지 않다. 연기력을 펼칠 기회조차 주지 않는데 잘하는지 못하는지 어찌 알겠는가. 우리 사회는 장애인들의 능력은 보지도 않은 채 '너희는 능력이 없잖아'라고 못 박아 버렸다. 그 결과 법적으로 일부 장애인들은 최저임금을 보장하지 않아도 되는 예외적 존재가 되었다. '최저임금 적용 제외의 인가'라는 이름으로 불리는 현실이다. 우리나라에는 법적으로 최저임금이 보장되어 있고 이는 노동취약계층의 저임금으로부터 보호하기 위한 최소한의 장치이지만 중증 장애인들은 노동취약계층 축에도 끼지 못한 엑스트라 중의 엑스트라인 것이다.

> **최저임금 적용 제외의 인가**
>
> 근로자의 정신 또는 신체의 장애가 그 근로자를 종사시키려는 업무를 수행하는 데에 직접적으로 현저한 영향을 주는 것이 명백하다고 인정되는 사람은 인가를 통해 최저임금을 적용하지 않아도 된다.

B라는 빵을 만드는 사업체에서 다수의 장애인 근로자들이 있다. 이들 중 유난히 작업능력이 부족한 근로인이 있어 최저임금을 주기 어렵다 판단된 경우 당사자와 보호자의 동의를 통해 고용노동부에 '최저임금 적용 제외' 심사를 신청하게 된다. 1개월 내로 한국장애인고용공단에서 직업능력평가사가 방문을 하게 되고, 현장에서 평가를 한 뒤 최저임금 적용 제외 여부를 판단하게 된다. 사업체 현장에서 직무분석을 한 뒤 핵심 업무를 선정한다. 빵 공장이라 한다면 계량, 반죽, 포장 같은 업무를 파악한 뒤 평가받을 분이 하고 있는 업무를 평가기준 업무로 선정한다. 이 업무를 여러 근로인들에게 평가

를 적용한 뒤 업무능력이 가장 낮은 사람을 기준점으로 설정하는 것이다. 이 기준점이 된 사람보다 업무능력이 낮다고 평가될 경우 최저임금 적용 제외를 받을 수 있는 시스템이다.

이익을 창출해야 하는 사업체 입장에서 생산성이 부족한 사람에게 최저임금을 보장해 주기 어려운 입장은 이해한다. 장애인 당사자와 가족 입장에서도 급여는 적게 받아도 되니 직장에 꾸준히 다니고 싶은 마음으로 받아들이는 것 또한 공감할 수 있다. 이 과정에 아쉬운 점이 있으니, 최저임금 미만으로 줘도 되지만 최소한 일정 비율은 보장해야 한다는 기준이 없다는 것이다. 최저임금 적용 제외 인가를 받은 장애근로인들은 월 10만 원을 받든, 50만 원을 받든 문제가 되지 않는다.

김예지 국회의원이 조사한 자료에 따르면 최저임금 적용 제외 장애인 근로자들의 평균시급은 2019년 3,056원으로 나타났다. 법정 최저시급의 36.6% 수준밖에 되지 않는다. 그나마 2018년부터 평가 시 기준 노동자 대비 생산성이 90% 이상 되어야 최저시급을 받을 수 있던 기준에서 70% 이상 되면 최저시급을 보장해 주어야 한다고 확대된 정도가 변화의 전부다. 2019년에만 7,812명의 장애인 근로자가 최저임금 적용 제외 인가를 받았다고 한다. 결코 적지 않은 수치다. 이를 잘 활용하는 사업체에서는 최저임금 적용 제외 인가에 동의하지 않으면 퇴사를 종용하는 경우도 적지 않다.

본인과 가족의 도의로 최저임금 적용 제외 인가를 받는다 해도 그 이후 조치나 보완책은 전혀 없다. '최저임금은 안 주셔도 됩니다'만 존재할 뿐 이를 보완해 주는 어떤 정책도 대안도 없다. 자연스럽게 최저임금 적용 제외 인가를 받은 근로인은 노동의 가치가 나락으로 떨어지는 상황에 놓인다. 결과에 대한 대가가 온전히 근로 장애인의 몫으로 남는다. 앞서 말한 장애에 대한 사회적 관점이 아닌 철저히 기능 중심적 관점에서 바라보기에 벌어진 상황이다.

중증 장애인들도 최저임금을 창출할 수 있는 수준의 근무환경이나 직무개발이 병행된다면 어땠을까? 최저시급 미만을 지급해도 되지만 몇 % 수준까지는 지급해야 한다는 기준점이 있다면 어떨까? 다수가 공존하는 사회에서 불편한 사람 없이 조화로운 세상을 만들기 위한 최소한의 장치가 '법'이 아닌가. 최저임금 적용으로 인해 '불편한 사람'이 중증 장애인을 고용한 사업 주기에 이들의 어려움을 해결하고자 최저임금 적용 제외가 있는 것이라면 이로 인해 어려움을 겪을 장애인들이 다시 '불편한 사람'이 되어 버린다. 폭탄 돌리기 하듯 '불편한 사람'을 계속 양산하는 구조이다. 결국 그 마지막 폭탄은 엑스트라 5번인 중증 장애인에게 돌아갔다.

하루라도 빨리 최저임금 적용 제외 인가의 폐지 또는 적용 제외 후 최저 기준선 마련, 임금 보완을 위한 별도예산을 통해 더 이상은 불편한 사람이 없기를 바란다. 내가 최저임금을 보장받을 때, 보장받지 못하는 사람이 있음을 아는 것에서부터 지우개는 작동할 것이다.

7

벼랑 끝의 삶

코로나로 인해 전 세계가 혼란과 마비에서 헤어 나오지 못하고 있다. 취약계층 중의 취약계층인 장애인들이 극단적 상황에 놓인 상황이 연달아 이슈화되고 있다.

2020년 12월. 발달장애가 있는 아들(장애 미등록 상태)과 어머니로 구성된 모자 가정에서 어머니가 갑작스레 돌아가시자 어찌할 바를 몰라 방치해 놓은 채 5개월이 지나서야 발견된 사건이 있었다. 아들은 노숙을 했고 이를 매일같이 보던 지나가던 사회복지사에 의해 알려지게 되었다. "엄마가 숨을 쉬지 않아요", "벌레가 나왔어요"라는 말에 단서를 얻고 가정에 방문했을 때는 이미 상당 기간이 지난 뒤였다. 기초생활수급으로 등록되어 있었지만 정작 도움이 필요한 순간에는 그 누구에게도 도움을 구할 수 없었다.

2021년 2월. 발달장애가 있는 딸을 홀로 키우던 어머니가 차에서 극단적 선택을 했다. 당시 차량 안에서는 딸이 함께 있던 상황. 어머니는 남편과 이혼 후 홀로 딸을 키우고 있었는데 장애인 활동지원사를 배치받지 못해 딸의 돌봄을 홀로 감당해야 했다.

> **장애인 활동지원사**
>
> 독립활동이 어려운 중증 장애인의 신체, 사회, 가사활동을 조력하여 자립생활과 사회 참여를 지원하는 조력자

약사로 일을 했던 어머니는 딸의 돌봄을 위해 시급 일자리로 변경해야 했고, 이마저도 딸의 장애로 인해 쉽지 않았다고 한다. 심각한 우울증을 겪었고 결국 딸을 남겨 둔 채 세상을 등져야만 했다.

장애인 활동지원 서비스는 2007년 우리나라에 도입되어 2011년부터 본격적으로 시행되었다. 노인의 경우 노인장기 요양법에 의해 요양보호 서비스를 받는 것에 상응해 장애인에게도 자립과 사회 참여를 위한 1:1 지원이 필요하기에 시작되었다. 이 과정까지 장애인 당사자들의 피와 눈물이라는 대가를 치러야 했다. 중증 장애인들이 국민연금공단 심사를 통해 일상생활 독립수준을 평가받고 그 점수를 바탕으로 매월 정해진 시간을 바우처로 받게 된다. 이후 활동지원 중개기관을 통해 본인이 원하는 조건의 활동지원사를 배치받아 서비스를 제공받는 시스템이다.

이 시스템에도 여러 한계가 있는데 그중 하나가 활동지원사들이 중증 발달장애인들은 꺼려 한다는 점이다. 앞의 두 번째 사례에 나온 어머니의 경우에도 자녀의 장애 정도가 심해 적절한 활동지원사를 배치받지 못했고, 어머니 혼자 모든 것을 감당해야 하는 상황이 버거울 수밖에 없었다.

활동지원 서비스 등급체계는 '신체적 기능'을 중심으로 점수화된다. 발달장애인들의 경우 신체적 기능은 우수하지만 정신적 어려움과 제약이 큰 경우가 많다. 애초에 평가기준 자체가 정신적 장애인에게는 불리한 구조이다. 눈으로 보고, 귀로 듣고, 손과 발을 자유롭게 사용할 수 있다는 이유로 점수를 적게 받는다.

2019년 일부 보완되어 정신적 장애인들의 자립활동의 어려움이 반영되기는 했으나 여전히 한계는 많다. 일부 발달장애인의 경우 '도전적 행동'을 보이는데 언어표현이 어려워 자해, 타해, 파괴로 자신의 감정과 생각을 표현하는 행동을 보이는 경우이다.

> **도전적 행동**
>
> 영국에서 처음 도입된 표현으로, 발달장애인의 '문제행동'이라는 용어를 도전적 행동(Challenge Behaviour)도 사용하자고 제안하면서 시작되었다. 자해, 타해, 파괴와 같은 행동이 발달장애인 개인의 문제가 아닌 기관 중심의 서비스에 도전이며 그들 기준의 문제해결 방법임을 인정하는 의미를 담고 있다.

도전적 행동이 있는 발달장애인의 경우 활동지원사는 배치를 꺼리게 된다. 대부분 60세 이상의 중년층이 활동지원사로 근무하는 현실에 어려운 사례를 맡을 자신이 없기 때문이다. 중증의 사례를 맡는다고 해서 시급이 더 주어지는 것도 아니기에 활동지원사들의 사명감에 의존하여 요구하기엔 현실 무게가 너무 크다. 중증 발달장애인들은 그렇게 장애인 활동지원에서도 사각지대로 남게 된다. 실제 현장에서는 중증 자녀를 아무도 맡으려 하지 않아 활동지원사에게 개별적으로 급여를 더 드리고 채용하는 경우도 있었다.

장애 자녀의 돌봄은 결국 개인의 몫으로 남아 삶을 짓누른다. 겨우 활동지원사를 배치받으면 언제 그만둘지 몰라 전전긍긍하고 호흡이 잘 맞지 않아 활동지원사가 바뀜으로 인해 힘겨워하는 장애인들도 많다. 2018년부터 부모들의 움직임으로 시작된 '발달장애 국가책임제'는 이와 같은 내용을 골자로 한다. 자녀의 장애로 인해 자녀보다 하루 더 사는 게 유일한 소원인 부모님들이 더 이상 장애인의 돌봄과 자립을 개인의 몫에서 국가의 역할이자 국민으로서의 권리로 삼아 주기를 바라는 목소리이다. 국가와 지자체의 촘촘한 지원망으로 더 이상 보도와 같은 비극적 상황이 반복되지 않기를 국민의 한 사람으로서 바라 본다.

⑧

내 직업 없애기

장애인 복지 종사자들의 공통된 소원이 하나 있다.

"내 직업이 필요 없는 세상이 왔으면 좋겠다."

마술사가 검은 천으로 사람을 가리고 몇 번 흔든 뒤 거두면 짠~ 하고 사라지듯 내 직업이 사라지진 않겠지만, 당장 내 직업이 없어지진다면 난 밥벌이를 어찌해야 하나 바닥에 주저앉아 울겠지만, "당신들 없어도 장애인들은 사는 데 아무 어려움 없는데 왜 세금 축내요?"라고 따지는 소리 듣는 세상이 오기를 원한다. 물론 지금도 종종 민원인들이 당신들이 하는 일이 뭐냐며 따질 때도 있지만, 우리를 바라보고 애타게 기다리는 구직 장애인이 훨씬 많기에 내 직업은 계속 존재하고 늘어나고 있다.

10년 전까지만 해도 사회복지사, 직업재활사는 장애인복지관, 직업재활시설에만 근무했었는데 최근에는 일반 사업체에서도 장애인 채용이 늘면서 장애인 근로인을 관리할 전문가를 채용하고 있다. 일반 사업체에서도 관리 인력을 배치한다는 것은 청신호인 것만은 확실하다. 장애인 전문가를 통해 그들의 장기근속을 유도하겠다는 의미이기 때문이다. 실제 장애인 채용을 희망하는 사업체는 빠르게 늘고 있다. 장애인의무고용 대신 고용부담금 선택했던 대기업, 공공기관, 공기업에서도 조금씩이나마 장애인을 채용하기 위해 노력하는 것이 체감된다. 직원복지를 위해 사내 카페를 개소하고 이를 표준사업장으로 인증받아 운영하거나 장애인생산품 인증 물품을 구입하는 노력 등이 현장에서 이루어진다.

이제는 장애인 취업의 양적 확대를 넘어 질적 보장이 중요한 시대에 접어들었다. 취업한 장애인의 장기근속 유도, 인사승진체계의 동등한 반영, 직원 복리후생 등 "나 취업했다"가 아닌 "나 회사에서 이런 대접 받으며 일한다"가 중요한 관점이 되고 있다. 물론 여전히 노동시장은 경증 장애인 중심으로 돌아가고 있고 비정규직과 시급 일자리라는 굴레에서 벗어나지 못하고 있다. 번듯하게 자격증까지 갖춰 '바리스타' 채용공고를 보고 취업해도 1년 넘게 홀 정리나 식기 세척만 하다 좌절하는 사례도 많고, 사무보조직으로 취업했는데 내내 우편물 정리만 시키는 경우도 많다. 모두 나와 같은 직업재활사가 바꿔 놓아야 할 과제들이다. 내 직업이 당분간은 있어야만 하는 이유이기도 하다.

채용공고에 '장애인 우대' 표시가 없어도 자유롭게 지원하고 채용되는 사회, 중증 장애인의 최저임금이 보장되는 사회, 바쁘고 힘든 부모를 대신해 사회가 돌봄을 지원해 주는 사회. 아직 갈 길이 멀고

해야 할 일이 많지만 실무자들이 원하는 세상으로 조금씩 가고 있음이 느껴진다. 게임할 때 두 눈을 반짝이며 적을 공격하듯 내 직업이 필요 없어지도록 사람들이 관심을 갖고 공격해 주면 좋겠다. 나 기꺼이 항복하고 웃으며 물러나 주리라.